Schulz/Fritz/Schuppert/Seiwert/Walsh · Outplacement

Schulz/Fritz/Schuppert/Seiwert/Walsh

OUTPLACEMENT

Personalfreisetzung
und Karrierestrategie

GABLER

CIP-Kurztitelaufnahme der Deutschen Bibliothek

Outplacement : Personalfreisetzung und Karrierestrategie /
Schulz ... – Wiesbaden : Gabler, 1989.
ISBN 978-3-322-99571-1   ISBN 978-3-322-99570-4 (eBook)
DOI 10.1007/978-3-322-99570-4
NE: Schulz, Dieter [Mitverf.]

Der Gabler Verlag ist ein Unternehmen der Verlagsgruppe Bertelsmann

© Betriebswirtschaftlicher Verlag Dr. Th. Gabler GmbH, Wiesbaden 1989
Softcover reprint of the hardcover 1st edition 1989
Lektorat: Ulrike M. Vetter

Alle Rechte vorbehalten. Das Werk einschließlich aller seiner Teile ist urheberrechtlich geschützt. Jede Verwertung außerhalb der engen Grenzen des Urheberrechtsgesetzes ist ohne Zustimmung des Verlages unzulässig und strafbar. Das gilt insbesondere für Vervielfältigungen, Übersetzungen, Mikroverfilmungen und die Einspeicherung und Verarbeitung in elektronischen Systemen.

Umschlaggestaltung: Schrimpf und Partner, Wiesbaden
Satz: Lichtsatz Michael Glaese GmbH, Hemsbach

ISBN 978-3-322-99571-1

Vorwort

Vor zehn Jahren hörte ich zum ersten Mal von Outplacement. Dieser im deutschen Management noch gänzlich unbekannte Begriff wurde in der durchaus honorigen Absicht, den Fachwortschatz von weiteren Anglizismen freizuhalten, kurzzeitig gar zur „Führungskräfteentsorgung" verballhornt. Der Ex-und-hopp-und-Ab-auf-den-Müll-Beigeschmack dieser Wortschöpfung tat ein übriges, meine schlimmen Vermutungen über eine neue, menschenverachtende Dimension im Umgang mit „ausgedienten" Mitarbeitern zu bekräftigen. Mein professionelles Interesse an einer neuen Dienstleistung ließ mir keine Ruhe, und ich untersuchte die Sache genauer. Dabei kam ich zu drei Einschätzungen, die ich bis heute unverändert vertrete:

1. Outplacement per se ist nicht minder anrüchig (ganz abgesehen von rechtlichen Problemen) als seine logische Umkehr, das Headhunting. Auftraggebern von Outplacementberatern sind durchaus nicht generell ehrenwerte Motive zu unterstellen. Nicht die Sorge um einen langjährigen Mitarbeiter oder wenigstens ein schlechtes Gewissen lassen den Berater auf den Plan treten, sondern häufig etwa nur die Hoffnung, die Angelegenheit besonders billig abwickeln zu können, obwohl das Outplacementangebot fällige Abfindungen nicht berührt.

2. Outplacement sollte nicht als grandiose personalpolitische Errungenschaft gefeiert, sondern als Ultima ratio zur Schadensbegrenzung infolge personalpolitischen Mißmanagements begriffen werden. Es sind nur Schutzbehauptungen, wenn Vorgesetzte vom allmählichen Auseinanderdriften von Mitarbeiter- und Anforderungsprofil wie von einem geradezu naturwüchsigen Prozeß sprechen. Eine wichtige Führungsaufgabe liegt eben darin, solche Entwicklungen frühzeitig zu erkennen und Abhilfe zu schaffen. Die Handlungsalternativen sind zahlreich. Kommt es zum Outplacementfall, liegt dem immer ein meist lange zurückliegendes arbeitgeberseitiges Versäumnis vor − ein Personalmanagementfehler also.

3. Outplacement, durchgeführt von integren und kompetenten Beratern, bleibt bis auf weiteres die optimale Lösung in einer beruflichen

Situation, die keinen anderen Ausweg als die Trennung zuläßt, obwohl anzunehmen ist, daß der betroffene Mitarbeiter aus eigener Kraft keine vergleichbare Neuanstellung finden wird. Nach anfänglichem Wildwuchs hat sich die Beraterszene auf diesem Gebiet einigermaßen bereinigt. Im wesentlichen konnten sich die ersten auf dem deutschen Markt operierenden Outplacementberater als Marktführer durchsetzen. Zahlreiche Nachahmer, darunter nicht wenige windige Geschäftemacher, tauchten auf und verschwanden wieder. Auch große Unternehmens- und Personalberatungen setzten kurzfristig Outplacement auf ihre Angebotslisten, um frühzeitig an einem – so die Vermutung – rasch wachsenden Markt zu partizipieren. Der Markt indes boomte nicht, die Großen blieben draußen. Spezialisten, die sich auf das heikle Geschäft der einvernehmlichen Trennung konzentrierten, machten das Rennen. Nur ihnen gelang es, das uneingeschränkte Vertrauen ihrer untereinander in Konflikt lebenden Klienten zu erwerben.

Das ambivalente Instrument Outplacement gewinnt an Bedeutung, je höher der freizusetzende Mitarbeiter spezialisiert und je älter er ist. Aber die Gewißheit, daß es auf diesem Gebiet professionelle Problemlöser gibt, darf nicht dazu führen, die Pflichten in der betrieblichen Personalarbeit, im Umgang mit Mitarbeitern leichter zu nehmen. Mögen die externen Vollstrecker noch so einfühlsam vorgehen – für die Betroffenen sind solche Beendigungen von Arbeitsverhältnissen stets sehr bittere Erfahrungen, für die verantwortlichen Vorgesetzten sind sie kein Ruhmesblatt. Unter sämtlichen Möglichkeiten, heillos verfahrene Arbeitsbeziehungen zu beenden, bleibt Outplacement dennoch mit Abstand die beste.

München, im April 1989 *Dr. Peter Derschka*
Chefredakteur
„Management Wissen"

Geleitwort

Wort und Bezeichnung „Outplacement" haben noch keinen guten Klang. Wortverbindungen mit „out" sind wohl deshalb nicht sehr glücklich gewählt, weil sie in ihrer Wirkung unterschwellig etwas Endgültiges, Irreversibles signalisieren, nämlich das Aus. Läßt sich dem *pejorative sense* durch die Wahl eines anderen Wortes oder einer anderen Bezeichnung abhelfen? Gibt es ein Synonym für Outplacement? Inhaltlich gesehen könnte man an Karriereplanung denken. Es geht ja um die Fortsetzung einer Karriere, deren Abbruch droht. Aber in Outplacement steckt mehr als nur Karriereplanung, es geht auch um das Bemühen, die Führungskraft so zu motivieren und mit Erkenntnissen so auszustatten, daß sie ein neues Placement, d. h. eine neue Position finden kann.

Diese Zielsetzung wird häufig noch mißverstanden: Ein Outplacementberater vermittelt keine neue Position, er verhilft aber indirekt dazu, daß eine neue Position oder berufliche Betätigung gefunden werden kann: er leistet gewissermaßen Hilfe zur Selbsthilfe.

Ein Buch über Outplacement sollte daher nicht nur Methoden und Instrumente eines Outplacement beschreiben, sondern vor allem auch die Praxis durch Beispiele in dem Erkennen unterstützen, was Outplacement ist und was es nicht ist, was es zu leisten im Stande ist und welche Erwartungen alle Beteiligten und insbesondere die Betroffenen an diese Methode stellen können.

Outplacement ist ein Instrument des Personalmanagements nicht nur zur Lösung von Personalproblemen, sondern auch zum Aufspüren eigenen Mitarbeiterpotentials und zu deren Karriereplanung. Darum ist es so wichtig, die Methoden des Outplacement zu kennen.

Outplacement baut den Betroffenen auf, analysiert seine Stärken und Schwächen, fördert sein Selbstwertgefühl, setzt berufliche Ziele im Einklang mit den Fähigkeiten und Neigungen. Das sind Bausteine, die wir in einem guten und schlüssigen Personalentwicklungskonzept wiederfinden.

So kann dieses Buch nicht nur in den einschlägigen Fachkreisen als Quelle neuer Erkenntnisse und Bestätigung eingeführter und erprobter Methoden dienen, sondern auch dem Praktiker nützliche Hinweise für seine Bausteine in der Personalförderung geben.

Düsseldorf, im April 1989 *Dr. Diether Walz*
Geschäftsführer der
Deutschen Gesellschaft für
Personalführung e. V.

Inhalt

Vorwort 5

Geleitwort 7

1. **Outplacement als Instrument des Personalmanagements** *(Lothar J. Seiwert)* 11
   1.1 Baustein einer zeitgemäßen Unternehmenskultur 11
   1.2 Entwicklung und Hintergründe des Outplacement 13
   1.3 Outplacement heute 15

2. **Warum: Notwendigkeit und Ursachen von Outplacement** *(Lothar J. Seiwert)* 19
   2.1 Entstehung von Positionskrisen 20
   2.2 Konfliktpsychologische Wirkungen von Positionskrisen 27
   2.3 Lösungsmöglichkeiten für Positionsprobleme 31
   2.4 Ziele und Motive einer Outplacement-Beratung 33
   2.5 Vorteile des Outplacement für Unternehmen und Mitarbeiter 38
   2.6 Voraussetzungen für eine Outplacement-Beratung 43

3. **Wie: Methoden und Instrumente des Outplacement** *(Wolfgang Fritz)* 45
   3.1 Beteiligte am Outplacement-Beratungsprozeß 46
   3.2 Lösungsansatz durch Konfliktmanagement bei der Trennung 48
   3.3 Ablauf des Outplacement-Beratungsprozesses 49
   3.4 Individual-Outplacement-Beratung 53
   3.5 Gruppen-Outplacement-Beratung 106

4. **Wer: Durchführung von Outplacement** *(Dana Schuppert)* . 109
   4.1 Outplacement-Berater als Problemlöser 109
   4.2 Anforderungen an einen modernen Unternehmensberater 111

4.3 Outplacement-Berater als ganzheitlicher
Unternehmensberater 116
4.4 Profil eines Outplacement-Beraters 118

5. **Was: Konsequenzen und Erkenntnisse für die Praxis**
(Dieter Schulz) 127
5.1 Faire Trennung ohne Scherben 127
5.2 Krise als Chance 133
5.3 Grenzen der Beratung 139
5.4 Schwierigkeiten im Verlauf einer Beratung 144
5.5 Zunehmende Bedeutung von Outplacement 146

6. **Wohin: Personalmanagement − Quo vadis?** *(Ian Walsh)* .. 157
6.1 Problemfelder heutigen Personalmanagements 157
6.2 Strategisches Personalmanagement 158
6.3 Neue Dimensionen der Unternehmensführung 161
6.4 Outplacement als neues Instrument des strategischen
Personalmanagements 164

Literatur 169

Die Autoren 175

Stichwortverzeichnis 179

*Wir alle sind auf der Welt, um zu überleben –
aber auch, um anderen beim Überleben zu helfen.*

1. Outplacement als Instrument des Personalmanagements

Lothar J. Seiwert

1.1 Baustein einer zeitgemäßen Unternehmenskultur

Viele Unternehmens- und Personalführungskonzepte unterziehen sich derzeit einem einschneidenden Wandlungsprozeß. Populärwissenschaftliche Bestseller aus der Unternehmensberatungsszene von Peters/Waterman, Deal/Kennedy, Ouchi und Pascale/Athos haben eindrucksvoll aufgezeigt, wie wichtig heutzutage die *„weichen" Faktoren* für eine erfolgreich geführte Unternehmung sind: Gemeinsame Werte, an die alle Beteiligten glauben, der Führungsstil und das -verhalten sowie die Fähigkeiten der Mitarbeiter sind entscheidende Bausteine für eine starke *Unternehmenskultur*. Die Art und Weise, wie man mit dem Faktor Personal umgeht, bildet also einen wichtigen Bestandteil des Führungssystems.

Vor diesem Hintergrund hat das Personalinstrument *Outplacement* in den letzten Jahren einen gewaltigen Aufschwung erfahren. Positionsprobleme auf Führungsetagen hat es schon immer gegeben. Was sich geändert hat, ist hingegen der Geist und Stil des Hauses, solche *Personalfreisetzungen* vorzunehmen.

Das Konzept des Outplacement sieht vor, freizusetzende („out") Mitarbeiter, inbesondere Führungskräfte, bei der Fortsetzung ihres Werdegangs außerhalb des Unternehmens („placement") mit Hilfe eines Beraters zu unterstützen und zu fördern.

Definition:

Outplacement ist ein personalpolitisches Instrument, das

- dem Unternehmen und der betroffenen Führungskraft unter Mitwirkung eines erfahrenen *Personalberaters* eine einvernehmliche Trennung ohne Scherben ermöglicht;
- dem ausscheidenden *Mitarbeiter* helfen soll, durch eine gezielte Eigenmarketing-Strategie aus einem sicheren Arbeitsverhältnis heraus eine adäquate anderweitige Position zu finden;
- das kündigende *Unternehmen* in die Lage versetzt, einen sozial verantwortbaren Positionswechsel aus innerbetrieblichen Gründen durchzuführen.

Traditionelle, teilweise unfaire Praktiken, sich von unerwünscht gewordenen Führungskräften zu trennen, passen immer weniger in eine Firmenkultur, die auch gesellschaftliche Verantwortung bejaht. Oft wurden und werden noch vor allem folgende *Freisetzungsstrategien* angewandt (vgl. Lingenfelder/Walz 1988a):

- Kündigung durch das Unternehmen („Rausschmiß")
- Versetzung auf unbedeutende Positionen („Frühstücksdirektor")
- Verlagerung von Entscheidungskompetenzen („Kaltstellen")
- Provokation der mitarbeiterseitigen Kündigung („Hinausekeln")
- Einvernehmliche Beendigung des Arbeitsverhältnisses (Aufhebungsvertrag)

Probleme des Personalabbaus wurden meist nur unter rechtlichen und finanziellen Aspekten diskutiert. Die *sozialen* Aspekte bei *Trennungsprozessen* wurden zuerst im angloamerikanischen Raum erkannt und – wie viele andere personalpolitische Instrumente auch (z. B. Assessment Center, Flexi Time, Job-sharing, Sabbatical, Corporate Social Accounting = Sozialbilanzen) – unmittelbar in einfache, praktische Problemlösungen umgesetzt.

1.2 Entwicklung und Hintergründe des Outplacement

Bereits Ende der 60er Jahre wurden bei Standard Oil in New Jersey und in der Luftfahrtindustrie unter der Bezeichnung „Outplacement" ein Konzept zur Betreuung ausscheidender Arbeitnehmer entwickelt. Es baute auf Erfahrungen mit Regierungsprogrammen zur Betreuung von Soldaten auf, die nach dem Zweiten Weltkrieg aus der Armee ausschieden (vgl. Mayrhofer 1987). Die erste Outplacement-Firma überhaupt wird Tom Hubbard zugeschrieben, der 1969 als vorher hochdotierter Direktionspräsident plötzlich selbst auf der Straße stand; aus dieser Erfahrung heraus gründete er in New York die erste Beraterfirma für ähnliche Fälle: *„THinc"* (Wicki 1986). Tom Hubbards Rezept liegt allen Outplacement-Dienstleistungen zugrunde. Vorrangig geht es um eine optimale Erfassung der Fähigkeiten und Wünsche des freigesetzten Kandidaten. Es werden Gespräche mit dem ehemaligen Arbeitgeber, mit dem Kandidaten selbst und möglichst auch mit dessen Lebenspartner geführt.

In den 70er Jahren etablierte sich *Outplacement-Counselling (OPC)* als eigenständige Beratungsleistung und integraler Teil betrieblicher Personalarbeit. Eine im Jahre 1986 durch das Wirtschaftsmagazin *Fortune* veranlaßte Umfrage bei 250 Managern, die ihren Job verloren hatten, erbrachte folgende Ergebnisse (vgl. Nulty 1987):

— 56% fanden einen neuen Job,
— 43% suchten zwischen 4 und 6 Monaten,
— 45% erhielten eine höhere, 35% eine niedrigere Bezahlung,
— 50% kamen in hierarchisch gleicher Funktion unter,
— 62% arbeiteten in einem neuen, 38% im alten Aufgabenbereich,
— 54% hatten weniger, 29% mehr Mitarbeiter unter sich.

Insgesamt, so eine Schätzung von Bramer/Humberger (1984), wurden in den letzten 12 Jahren mehr als 100000 amerikanische Führungskräfte mit Hilfe von Outplacement beraten.

Im deutschsprachigen Raum wurde Outplacement Anfang der 80er Jahre noch zögernd in die Diskussion eingebracht. Nach verschiedenen Eindeutschungsversuchen (Neupositionierung, Ausstellung, Positionswechsel, Sanfte Trennung etc.) blieb es schließlich bei der angelsächsischen Originalbezeichnung. Während in der *Schweiz* dieses Konzept schon einen relativ hohen Bekanntheitsgrad besitzt und von seiten der Unternehmen bereits eine relativ rege Nachfrage erfährt, befindet sich die sehr viel größere *Bundesrepublik* in Sachen Outplacement noch im Stadium eines Entwicklungslandes. Im wesentlichen sind es fünf Beratungsgesellschaften, die sich auf diese besondere Dienstleistung spezialisiert haben:

- Dr. Stoebe, Kern & Partner, Ahrensburg (seit 1979)
- Meta: Consult, Wiesbaden (Dr. Schulz, seit 1979/85)
- D. B. M. Europe, Düsseldorf (seit 1986)
- Interaction Consulting, Wiesbaden (W. Fritz, seit 1981/1988)
- Dr. Claessens GmbH, Hamburg u. a. (seit Mai 1989).

Eine *Outplacement-Consulting-Studie* der schweizerischen Consultex S. A. (1987) weist für Westeuropa insgesamt 55 Beratungsunternehmen nach, davon die Hälfte in Großbritannien (16) und Frankreich (12). Während in diesen beiden Ländern rund 300 Berater vollzeit mit Outplacement aktiv sind, sind es in der Bundesrepublik noch weniger als 10. Die Anzahl der im Jahre 1986 durchgeführten Fälle bemißt sich in Großbritannien auf 2100, in der Bundesrepublik auf 122.

Die Gründe für diesen Rückstand sind zum einen in der besonderen Stellung der Bundesanstalt für Arbeit zu suchen, die ein gesetzlich verankertes Vermittlungsmonopol innehat. Daneben genießen Arbeitnehmer und Führungskräfte durch die bundesdeutschen Arbeitsgesetze einen Kündigungsschutz, der in anderen Ländern seinesgleichen sucht. Ein besonderes Hindernis ist die noch geringe Akzeptanz von Outplacement in der deutschen Wirtschaft. Viele Unternehmen gehen noch von der Annahme aus,

- daß ihre Verantwortung für leitende Angestellte mit einer angemessenen Abfindung endet und
- daß viele Manager es für ein Zeichen von Schwäche halten, sich bei der Stellensuche beraten zu lassen.

Nach einer Schätzung von Meta: Consult haben von den 100 führenden Unternehmen etwa 25 Prozent Outplacement bei der Trennung von Mitarbeitern eingesetzt. Nicht zuletzt durch vermehrte Information über dieses Konzept konnte eine zunehmende Akzeptanz erreicht werden.

Auch in *Japan* gehört Outplacement längst zum Managementalltag. Zahlreiche Unternehmen betreiben gezielten Stellenabbau, um vor allem die Zahlen der über 50jährigen zu reduzieren. Bereits mehr als 10 Outplacement-Agenturen operieren in Japan; viele von ihnen sind Joint Ventures mit amerikanischen Beratungsfirmen (vgl. trendletter Nr. 50/87, S. IV).

Der *westeuropäische Markt* weist für *1986* insgesamt ein Volumen von 50 Millionen US-Dollar Beratungsumsatz auf; die jährliche Wachstumsrate wird auf 20–30% geschätzt. Beratungsaufträge wurden von fast 2600 Firmen erteilt, und zwar für 4700 Einzel-Outplacements und 24000 Gruppen-Outplacements. In Großbritannien kommen noch annähernd 1000 Einzel-Klienten hinzu, die ihre Beratung selbst bezahlen (Zahlenangaben nach Consultex 1987).

1.3 Outplacement heute

Outplacement als modernes Instrument des Personalmanagements dient nicht nur der Lösung von unternehmensinternen Positionsproblemen, sondern auch der persönlichen *Karriereentwicklung* des betroffenen Kandidaten. Es sollte vom Unternehmen und von der betroffenen Führungskraft weniger als Krise, sondern als *Chance* angesehen werden, eine neue Laufbahnstation, die möglicherweise im bisherigen Unternehmen nicht vorhanden oder jetzt nicht mehr erreichbar ist, anstreben zu können. Ein erfolgreiches, von allen Seiten wirksam unterstütztes „Out"placement muß für die betroffene Führungskraft also keine nachteilige Freistellung bedeuten, sondern kann sogar mit einem Wechsel in eine neue, möglicherweise bessere Position („New"placement) verbunden sein. Die Consultex-Studie (1987) hebt in diesem Zusammenhang ausdrücklich hervor:

> **Über 50% der bundesdeutschen Outplacement-Kandidaten finden eine höher bezahlte Stelle!**

Der typische deutsche Outplacement-Kandidat ist im Durchschnitt 48 Jahre alt, hat(te) ein Jahresgehalt von etwa 150000 DM und wird vier bis sechs Monate auf der Suche nach einer neuen Position sein.

Sein Outplacement-Berater besitzt einen Universitätsabschluß, zwei Jahrzehnte Industrieerfahrung, zuletzt auf Geschäftsleitungsebene oder in leitender Funktion im Personalbereich.

Outplacement ist also ein *Gewinner-Gewinner-Konzept*. Es wird für alle Beteiligten vor allem dann erfolgreich ablaufen können, wenn

- die betroffenen *Führungskräfte* bereit sind, sich auf ihre neue Situation positiv einzustellen, dazu zu lernen und sich zu verändern;
- das kündigende *Unternehmen* nicht sein Gewissen durch Geld zu beruhigen sucht, sondern voll und ganz hinter dem Outplacement steht;
- alle Beteiligten mit dem *Berater* offen und kooperativ zusammenarbeiten und pauschale Vorurteile gegenüber dieser Art von Personalfreisetzung aufgeben.

Auch Outplacement kann die bisher ungelösten Probleme im Führungsbereich nicht voll beseitigen, bietet jedoch eine wirtschaftlich und sozial vorteilhafte Chance der Personalfreisetzung. Herkömmliche Konfliktlösungen wie arbeitsrechtliche Aufhebungsverträge und finanzielle Abfindungen werden durch *Outplacement als geplanter und unterstützter Positionswechsel* sinnvoll ergänzt.

Eine Befragung aller 2388 Mitgliedsunternehmen der Deutschen Gesellschaft für Personalführung *(DGFP)* im Jahre 1987 (Rücklauf: 817 = 34,2 Prozent) ergab, daß *Outplacement* als Beratungsangebot für den betroffenen Mitarbeiter nach erfolgter Kündigung von 57 Prozent der Unternehmen nicht damit insgesamt am wenigsten unter den abgefragten Personalbetreuungsmaßnahmen durchgeführt wird; 39 Prozent der Unternehmen bieten Outplacement teilweise an und 4 Prozent schon umfassend (Töpfer/Zeidler 1987, S. 201 f.). Je nachdem, ob man das bekannte Glas mit 50 Prozent Inhalt als halbvoll oder halbleer interpretiert, läßt sich festhalten, daß gerade in der Bundesrepublik noch ein großes Wachstumspotential für Outplacement besteht.

Nach einer Studie von Gaugler/Weber (1988, S. 103-105) sind es von der Personalberatungs-Seite 18 Firmen (= 6,6%), die quasi als Generalisten folgende Teilleistungen einer Outplacement-Beratung anbieten (hier sind die o. g. vier Spezialisten bereits enthalten):

- Psychische Aufrüstung des Freizusetzenden
- Beratung bei der Stellensuche sowie bei der

- Vertragsauflösung/Abfindungsbemessung
- Aktive Stellensuche

Der Outplacement-Markt kommt in der letzten Zeit auch durch eine Variante der Einzel-Beratung in Bewegung, das *Gruppen-Outplacement*. Diese Programme werden in zunehmendem Maße von Unternehmen eingesetzt, die schließen, fusionieren oder den Standort wechseln müssen. Eine Gruppen-Beratung ist meist in Seminar- oder Workshop-Form angelegt, z. B. für eine Dauer von 4 Tagen. 5 bis 7 Teilnehmer lernen die Techniken und Strategien von Eigen-Marketing und Stellensuche und werden in Rollenspielen sowie Video-Trainings auf die Bewerberinterviews vorbereitet. Gruppen-Outplacement kommt besonders dann in Frage, wenn die Zahl der Entlassungen zu hoch ist für ein Einzel-Outplacement. Wichtige Voraussetzungen für Gruppen-Outplacement liegen in der Homogenität der Gruppe, der Eindeutigkeit der Vermittelbarkeit und einer übereinstimmenden Suchstrategie.

Auch in kleinen und mittelständischen Betrieben sowie im Mittelmanagement ist ein zunehmender Einsatz von Outplacement zu erwarten. Die Idee, den Anspruch auf Outplacement in Betriebsvereinbarungen, etwa bei umfangreicheren Entlassungen, zu integrieren, stößt auf wachsendes Interesse. In den USA werden Outplacement-Vereinbarungen bereits bei der *Einstellung* in den Arbeitsvertrag aufgenommen, und zwar als Absicherung für alle Fälle. Dieser Trend ist in der Bundesrepublik noch weitgehend unbekannt.

Nach Einschätzung der Autoren ist man in der Bundesrepublik jetzt gerade dabei zu erkennen, welche positiven Möglichkeiten Outplacement für Unternehmen und Mitarbeiter auch schon vor dem Treffen einer *„Ausstellungs"*entscheidung bietet. Die Zeit ist reif für ein soziales Umdenken bei Kündigungs- und Trennungsprozessen. Outplacement ist weniger ein Notnagel zur Lösung von personalwirtschaftlichen Entsorgungsproblemen, sondern sollte bereits prophylaktisch und konfliktentschärfend im Vorfeld von Positionskrisen und -wechseln eingesetzt werden.

Outplacement ist ein wichtiger integraler Bestandteil des modernen Personalmanagements.

So verstanden paßt Outplacement voll in den Rahmen einer starken, werteorientierten Unternehmenskultur. „Die Sorge um den Mitarbeiter *und* um die richtige Besetzung der Führungsposition darf nicht erst im Schadensfall einsetzen, sondern lange vorher. Nicht wenn der Mitarbeiter 50 ist, sondern wenn er 40 ist, nicht wenn die Abteilung am Boden ist, sondern bevor sie am Kippen ist" (Wollert 1987). Dieses Buch will dazu beitragen, daß *Outplacement* besser verstanden, stärker verbreitet und gezielter zum Nutzen aller Beteiligten eingesetzt wird.

*Outplacement kann für nervenschonende
– humane Trennung stehen*
A. Wollert

2. Warum: Notwendigkeit und Ursachen von Outplacement

Lothar J. Seiwert

Friedrich Z., 47 Jahre, Physiker, Leiter der Entwicklungsabteilung, genoß in seinem Unternehmen den Ruf eines ausgezeichneten Entwicklungsfachmannes. Er hatte im Laufe der Jahre viele Entwicklungen erarbeitet, die national und international patentiert wurden. Bei schwierigen Fragen wurde er auch auf der anwendungstechnischen Seite eingesetzt.

Er hatte ein ausgeprägtes Selbstwertgefühl. Führung bedeutete für ihn, notwendigen Freiraum zu haben, da seiner Meinung nach die Mitarbeiter sich über die Identifikation mit der übertragenen Aufgabe selbst motivieren. Dies traf auch auf F. Z. und die von ihm geführte Gruppe zu. Gelegentliche Schwierigkeiten gab es nur in der Zusammenarbeit mit anderen Abteilungen, insbesondere dem Vertrieb.

Zu Reibereien kam es, als ein neuer Geschäftsführer Technik/Vertrieb die Prioritäten neu festsetzte. Die Folge: Nicht mehr die Entwicklungsabteilung war gefragt, sondern der Vertrieb bestimmte, was zu tun sei. F. Z. versuchte, der neuen Richtung, so gut es ging, gerecht zu werden. Aufträge, Anweisungen, Anordnungen, die sowohl in der Sache als auch in der Art und Weise, so wie sie vermittelt wurden, aus seiner Sicht unsinnig waren, versuchte er „abzubiegen". Dies wiederum führte dazu, daß der neue „dynamische" Geschäftsführer Vertrieb den „alten Laborphysiker" als überheblichen Wissenschaftler apostrophierte, der die Realitäten des Marktes und Wettbewerbs nicht erkenne und schon gar nicht in seine Entwicklungsarbeit einbeziehe.

Gespräche, die zu einer Klärung hätten führen können, wurden nicht geführt. Der Geschäftsführer Vertrieb versuchte vielmehr – an F. Z., dem Leiter der Entwicklungsarbeit, vorbei –, Einfluß auf dessen Mitarbeiter zu nehmen und diesen direkt Anweisungen zu geben. Gegenüber F. Z. griff er zu drastischen Repressalien, wie Entzug von Entwicklungsarbeiten, Aufteilung der Entwicklungsabteilung, Beschneidung der Kompetenzen von F. Z., etc. Dies führte dazu, daß die ursprüngliche Gruppe um F. Z. herum „gespalten" wurde.

F. Z. versuchte anfangs, sich dagegen zu wehren, zog sich aber mehr und mehr in die „innere Kündigung" zurück. Beim Stand dieser Entwicklung beschloß das Unternehmen, das Problem durch eine einvernehmliche Trennung von F. Z. zu lösen. Angesichts der zu erwartenden Schwierigkeiten wurde eine *Outplacement*-Beratung in Erwägung gezogen. Hier haben wir den typischen Fall einer Positionskrise.

2.1 Entstehung von Positionskrisen

Positionskrisen von Führungskräften entstehen immer dann, wenn der betreffende Mitarbeiter mit seinen Fähigkeiten und Leistungen nicht mehr in der Lage ist, das Anforderungsprofil (s)einer Stelle auszufüllen, oder andere Umstände einer Weiterbeschäftigung entgegenstehen. So kann die Stelle aus verschiedenen Gründen weggefallen sein, und andere, vergleichbare Positionen können nicht angeboten werden. Bei jüngeren Führungskräften lassen sich Positionsprobleme durch entsprechende Personalentwicklungs- und -förderungsmaßnahmen, Umsetzungen oder – in Grenzfällen – durch Nahelegen der Kündigung lösen. Zum Problemfall und zur Krise wird eine Personalfreisetzung vor allem dann, wenn es sich um langjährige, meist langgediente Mitarbeiter handelt und die zwischenmenschliche Ebene empfindlich gestört ist.

Positionskrisen und dadurch bedingte Freisetzungen können eine Reihe von Ursachen haben (vgl. Abbildung 1). *Persönliche Faktoren* spielen dabei eine häufige Rolle. In diesem Zusammenhang verstärken oft mangelndes Kommunikationsgeschick und eine geringe Überzeugungsfähigkeit die eigene Krise. Charakter, Haltung und Verhalten einer Führungskraft gegenüber Aufgabe und Arbeitgeber sowie ein Defizit an Wissen und Erfahrung sind gleichfalls als persönliche Fak-

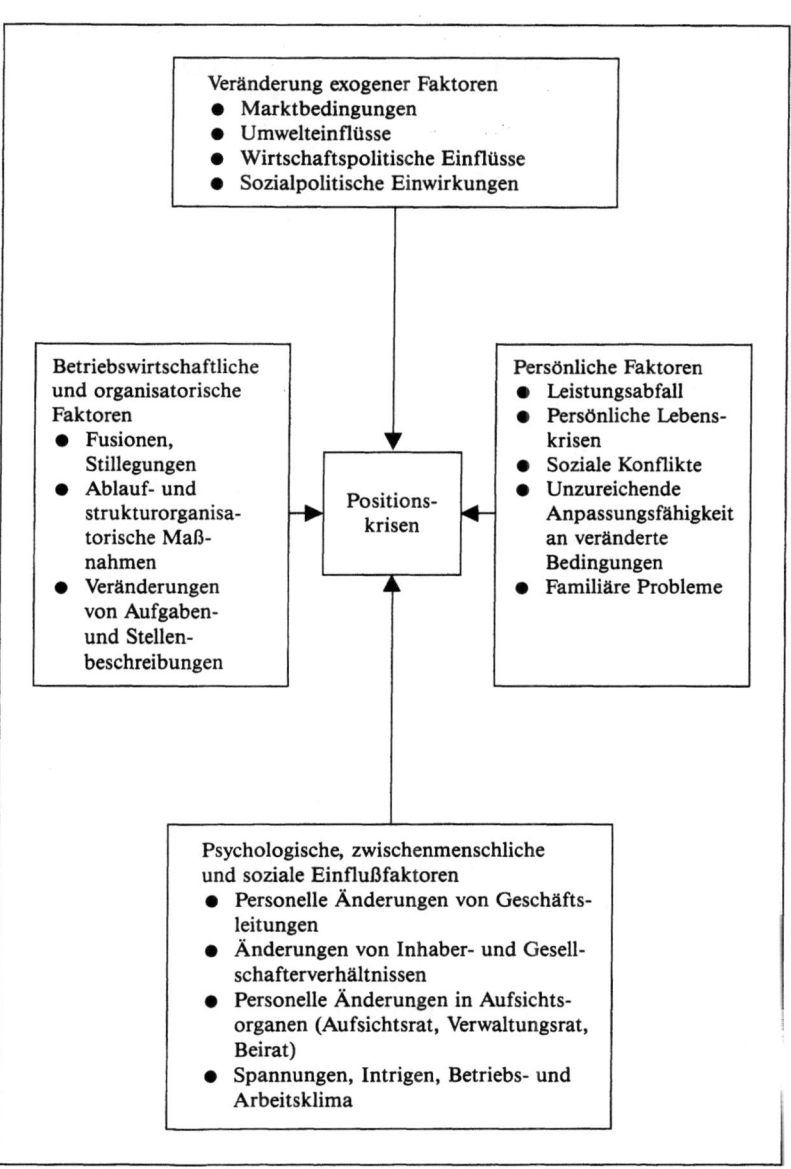

Abbildung 1: Ursachen von Positionskrisen

toren anzusehen. Daneben kann eine Überqualifizierung für die auszuübende Aufgabe beim Betroffenen Frustration und Enttäuschung auslösen und dadurch zu Spannungen führen. Ein in der Vergangenheit erfolgter, kurzsichtiger Sprung in ein anderes Umfeld, das dem eigentlichen Know-how und Naturell des Mitarbeiters nicht entsprach, wird möglicherweise gravierende Berufsprobleme verursachen. Ebenso kann die Beförderung der Führungskraft über ihre Leistungsgrenze hinaus zu einer Positionskrise führen. Alter, Krankheit und Familienprobleme vermögen ebenfalls einen Leistungsabfall des Mitarbeiters verursachen.

Zwischenmenschliche Spannungen stellen ebenfalls einen wichtigen Faktor für die Entstehung von Positionskrisen dar. Als Ursachen kommen z. B. in Betracht:

− Schwacher, unbeständiger oder unqualifizierter Vorgesetzter,
− Spannungen zwischen Stelleninhaber und Vorgesetztem,
− fehlende Qualifikation der unterstellten Mitarbeiter,
− Macht- und Positionskämpfe auf der Führungsetage,
− Auseinandersetzungen wegen eines zu harten Führungsstils.

Brammer und Humberger (1984, S. 31) schätzen, daß sich fast *80% der Freisetzungen* auf *persönliche Konflikte* zwischen Chef und Mitarbeiter zurückführen lassen. Bei neuen Mitarbeitern liegt die Ursache häufig in Fehlern des Unternehmens bei der Personalauswahl und Stellenbesetzung.

Betriebswirtschaftliche und *organisatorische Veränderungen* können sich durch das Firmenwachstum ergeben. Durch starke Expansion und Entwicklung des Unternehmens kann sich der ehemals erfolgreiche Mitarbeiter den neuen Anforderungen nicht mehr anpassen. Andere Gründe sind Veränderungen von Aufgaben- und Stellenbeschreibungen und strukturorganisatorische Maßnahmen.

Zu den *externen Ursachen* für Positionskrisen zählen Veränderungen der Unternehmensumwelt, insbesondere der Märkte aufgrund des Verbraucherverhaltens, der Wettbewerbsbedingungen und des Entstehens neuer Märkte. Daneben wirken weltpolitische Einflüsse und ständige technologische Veränderungen auf das Unternehmen. Besonders in Krisenzeiten nimmt der Zwang zu personellen Veränderungen und somit Positionskrisen zu; in guten Zeiten kann ein Unternehmen auch weniger qualifizierte Manager verkraften.

Wenn in solchen Fällen andere Lösungsmöglichkeiten ausscheiden, bleibt letztlich oft nur der Weg einer *Trennung*. Gerade bei Führungskräften gehen solche Prozesse nur unter Schwierigkeiten vonstatten. Langwierige Verhandlungsprozesse, Störungen des sozialen Klimas und finanzielle Abfindungen beeinträchtigen oft den Erfolg des Unternehmens – und dienen meist ebensowenig dem betroffenen Mitarbeiter. In diesem Zusammenhang kann die Inanspruchnahme einer Outplacement-Unterstützung für beide Seiten Vorteile bringen.

Nichts ist nämlich beständiger als die *Veränderung*. Gesellschaftliche Werte und Strukturen unterliegen einem permanenten Wandlungsprozeß. Nicht immer können sich Führungskräfte und Mitarbeiter den Tempowechseln und geänderten Bedingungen anpassen. Qualifizierte und ambitionierte Nachwuchskräfte drängen in begehrte leitende Positionen. Zunehmender nationaler und internationaler Wettbewerb und gestiegene Anforderungen an die Führungskraft, etwa ehrgeizigere Zielsetzungen des Managements, lassen einmal erreichte Positionen immer weniger sicher erscheinen. Die *Möglichkeit einer beruflichen Krise ist daher latent immer vorhanden*. Jede Führungskraft sollte sich darauf einstellen und ihre persönliche Laufbahnkrise aktiv managen können (vgl. *Checkliste*, S. 24). Ebenso wie bei der Vermarktung von Konsumgütern kann sich jeder beruflich neuorientierende Mitarbeiter bei der Vermarktung seiner beruflichen Qualifikation und Persönlichkeit beraten lassen.

Checkliste: Frühwarn-System für persönliche Positionskrisen

Unternehmenspolitik

1. Sind demnächst irgendwelche *Strukturanpassungen*, organisatorische Veränderungen, Fusionen, Verkäufe oder Schließungen zu erwarten? ☐
2. Zeichnen sich in meiner *Branche* für die nächsten Jahre grundlegende technologische, markt- oder produktmäßige *Veränderungen* ab? ☐
3. Ist anzunehmen, daß *unternehmenspolitische* Entscheidungen gefällt werden, die meine Position oder Qualifikation tangieren oder überflüssig machen? ☐

Unternehmenskultur

4. Habe ich heute oder auch zukünftig Schwierigkeiten, mich mit den *Werten*, Zielen und Geschäftsgrundsätzen des Unternehmens voll zu identifizieren? ☐
5. Habe ich innere Widerstände gegen bestimmte interne Normen und Vorschriften oder irgendwelche *informelle Spielregeln* im Betrieb? ☐
6. Bin ich mit der Unternehmenskultur, dem Geist und Stil des Hauses oder dem *Betriebsklima* in meiner Abteilung mehr oder weniger unzufrieden? ☐
7. Gibt es innerhalb meiner *Abteilung* mit bestimmten Personen (Kollegen, Mitarbeiter) Reibungsverluste in der Zusammenarbeit? ☐

Unternehmensführung

8. Ist ein Wechsel in der *obersten Heeresleitung* oder der mir direkt übergeordneten Führung in Aussicht oder denkbar (z. B. altersbedingt)? ☐
9. Gab es in der letzten Zeit einen häufigen *Wechsel* in der *Führungsspitze*? Beeinflussen diese Wechsel auch meine Aufgabe oder Position? ☐

10. Bin ich in die formalen und informellen *Informationsflüsse* ausreichend einbezogen (Protokolle wichtiger Sitzungen, Insider-Informationen)? ☐
11. Bringt man mir von der Führungsspitze nicht genug *Wertschätzung* entgegen, bin ich dort nicht allzu gern gesehen (Image im Unternehmen)? ☐
12. Bekomme ich von der Führungsspitze weniger Befugnis, Verantwortung und Kompetenz übertragen (nachlassende *„Hausmacht"*)? ☐
13. Erhalte ich zu wenig Feedback über meine Leistung (*Lob*, Anerkennung, Wertschätzung), obwohl ich sie verdiene? ☐

Personalführung (Chef)

14. Gibt es grundlegende Meinungsunterschiede, Interessengegensätze oder *Basiskonflikte* zwischen meinem Chef und mir? ☐
15. Habe ich Schwierigkeiten, meinen direkten Vorgesetzen fachlich und menschlich zu *akzeptieren*, z. B. sein Führen durch Vorbild? ☐
16. Bin ich von meinem Vorgesetzten in irgendeiner Weise *abhängig* (Informationszugang, Genehmigungen, Kompetenzen, Kostenstelle)? ☐
17. Wird mein eigener Handlungs- und *Verantwortungsspielraum* bei der Wahrnehmung meiner Aufgaben irgendwie eingeengt oder eingeschränkt? ☐
18. Werden meine *Leistungen* von meinem Chef in der letzten Zeit weniger gesehen, anerkannt und geschätzt? ☐

Persönlichkeitsentwicklung

19. Gibt es für mich Begrenzungen, meine Kenntnisse, Fähigkeiten und Fertigkeiten voll zu entfalten *(Selbstverwirklichung!)*? ☐
20. Kann ich meine Vorstellungen über meine Arbeit nur begrenzt umsetzen, sehe ich zu wenig *Sinn* in dem, was ich in meiner jetzigen Position tue? ☐

21. Habe ich zu wenig Möglichkeiten zu lernen und mich *weiterzubilden*, auf Kongresse, Tagungen und wichtige Veranstaltungen zu fahren? ☐
22. Bin ich zu wenig bereit, mich an veränderte Personen, Strukturen und Entwicklungen *anzupassen*? ☐
23. Besitze ich zu wenig *Kommunikationsgeschick* und Überzeugungsfähigkeit, um mich und meine Interessen durchzusetzen? ☐
24. Sind meine *Qualifikationen* und meine *Risikobereitschaft* begrenzt, um zukünftigen Anforderungen gerecht zu werden? ☐
25. Sind – bei ehrlicher Betrachtung – meine beruflichen und persönlichen *Zukunftsaussichten* im jetzigen Unternehmen als nicht allzu rosig anzusehen? ☐

Ergebnis: Wenn Sie 5 Punkte und mehr haben, gibt es deutliche Hinweise und ernsthafte Warnsignale für eine Positionskrise. Sie sollten sich auch aus persönlichem Interesse mit Outplacement beschäftigen!

2.2 Konfliktpsychologische Wirkungen von Positionskrisen

Die Reaktion der betroffenen Führungskraft auf die Trennung kann auf emotionale Weise mit Wut, Zorn, Enttäuschung bzw. Niedergeschlagenheit erfolgen, nach außen hin beherrscht und scheinbar kühl. Die Ausgangssituation und den typischen Gefühlsablauf beim *Stellenwechsel* verdeutlicht Abbildung 2.

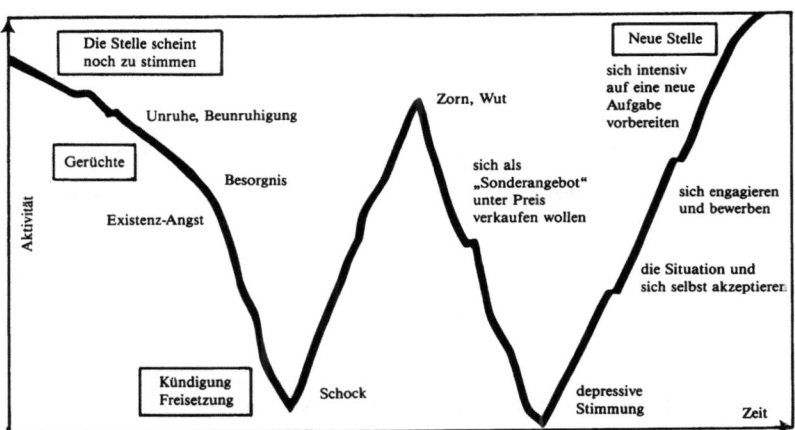

Quelle: Handelsblatt, Karriere, vom 10. 7. 1987

Abbildung 2: Gefühlsablauf beim Stellenwechsel

Konflikte bei unfreiwilligen Trennungsprozessen sind gewissermaßen vorprogrammiert, treffen doch die Interessengegensätze beider Parteien unmittelbar aufeinander. Die konfliktpsychologischen Aspekte von Trennungsprozessen wurden von Fritz (1982), basierend auf Correll (1978), eingehend dargestellt.

Jede Trennung bedeutet einen Konflikt.

Für den Outplacement-Berater ergibt sich die in Abbildung 3 skizzierte Ausgangssituation. Der Trennungs*konflikt* ist sehr komplexer Natur und kann kaum firmenintern und zur beiderseitigen Zufriedenheit gelöst werden.

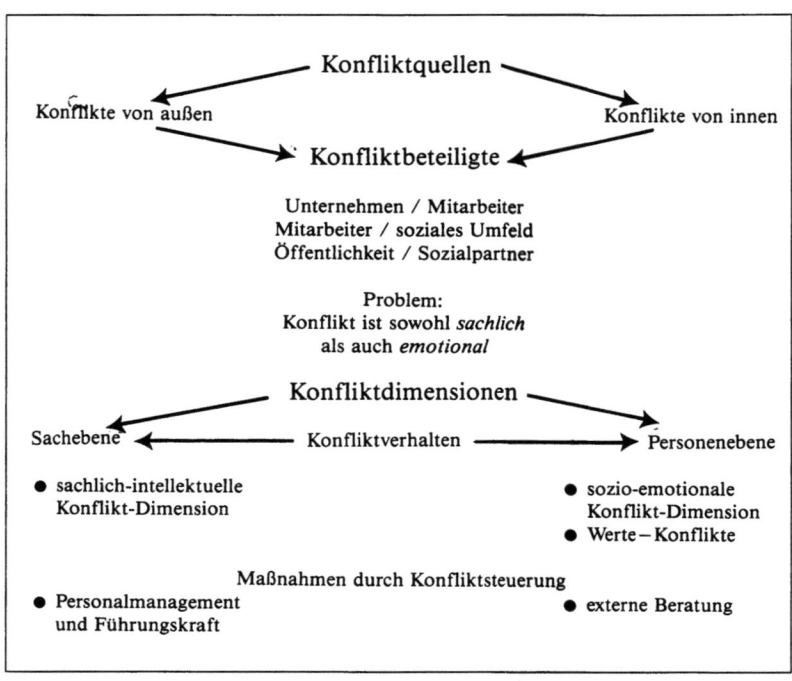

Abbildung 3: Konflikte bei der Trennung von Mitarbeitern

Jede Kündigung ist für den betroffenen Mitarbeiter ein konkretes *Konflikterlebnis* (Abbildung 4). Es tritt eine Diskrepanz zwischen den persönlichen *Erwartungen* auf, die man selbst hat oder die durch andere geweckt werden, und der harten Realität, die den Betroffenen durch eine plötzliche Kündigung oder Trennungsabsicht von seiten des Unternehmens ereilt.

Da gewisse Erwartungen als Sehnsüchte oder Wünsche immer vorhanden sind, unterliegen wir also permanent der Gefahr, in Konflikt zur Realität zu geraten. Die Erwartungen der Menschen nehmen in dem Maße zu, in welchem andere Erwartungen erfüllt werden. Daraus folgt für die unfreiwillige Trennung: Je positiver die Entwicklung des Betroffenen und des Unternehmens war, um so höher war auch seine Erwartungshaltung – und um so höher ist die Konfliktgefahr. So läßt die hohe Diskrepanz zwischen Erwartungshaltung und Realität die

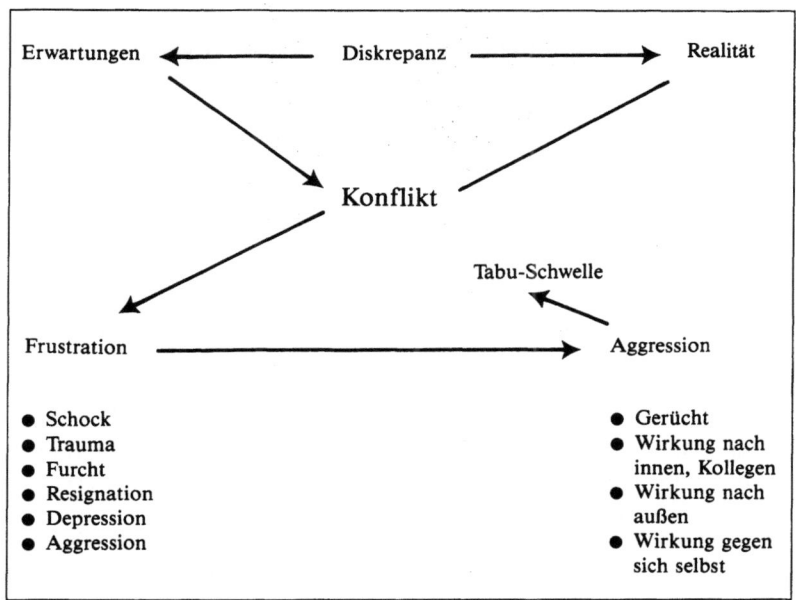

Abbildung 4: Kündigung als Konflikterlebnis

Kündigung für den Betroffenen zu einem unausweichlichen Trauma werden. Ein solcher *Konflikt*

– ist in der Regel vom Betroffenen nicht problemlos zu bewältigen,
– wird in den meisten Fällen nicht akzeptiert und bewirkt, daß
– notwendige Aktivitäten blockiert oder fehlgeleitet werden.

Die ursprüngliche Reaktion auf einen Konflikt bzw. auf eine *Frustration*, die den Kern eines Konflikts darstellt, ist die Aggression mit dem Ziel, die Konfliktquelle zu vernichten oder wenigstens zu schädigen. Diese Reaktion ist jedoch in der Regel durch Tabuisierung blockiert. Diese Zusammenhänge verdeutlicht auch Abbildung 4.

Ein *Aggressionsstau* verändert das Verhalten. So kann es zu mehr oder weniger schweren psychosomatischen Beschwerden kommen, z. B. einer zunehmenden körperlichen Unruhe, höherem Blutdruck. Wenn die *Frustration* längerfristig anhält, wirkt sich das entscheidend auf das Betriebsklima aus. Die Betroffenen

- reagieren gereizt, humorlos, übersteigert;
- tendieren zu neurotischen Erscheinungen (z. B. zwanghaften Handlungen);
- zweifeln an ihren Fähigkeiten mit der Folge eines Unterlegenheitsgefühls, das häufig übertrieben kompensiert wird;
- neigen zu Schlafstörungen, Resignation, Depression.

Die weiteren Auswirkungen und Folgen eines *Trennungskonflikts* sind noch komplexer:

- Im ungünstigsten Fall verliert das Unternehmen mit dem Mitarbeiter eine Führungskraft oder einen fähigen Spezialisten, dessen besondere Fähigkeiten gerade zu diesem Zeitpunkt vom Unternehmen nicht mehr adäquat eingesetzt werden können.
- Die Kündigung ist das Resultat einer internen Auseinandersetzung um Macht und Einfluß, die auf der Führungsebene stattgefunden hat, und derjenige, der über keine ausreichende Rückendeckung mehr verfügt, muß ausscheiden.
- Ein kreativer, aber eigenwilliger Mitarbeiter, dessen Erfolgschancen ähnlich groß sind wie seine Risiken, scheitert vielleicht an einem eher konservativen und ängstlichen Vorgesetzten.

Ein durch die Trennung traumatisierter Mitarbeiter, der nicht ausreichend betreut worden war, kann noch nach Jahren beträchtlichen Schaden anrichten. Umgekehrt kann es passieren, daß derjenige, welcher den beruflichen Anschluß verpaßt, weil er in der entscheidenden Phase psychisch so angeschlagen war, zur aktiven Bewältigung seiner Situation nicht mehr fähig ist.

Der Trennungskonflikt kann empfindliche *soziale Störungen* verursachen. Ehe- und Familienprobleme werden verstärkt auftreten; gesellschaftliche Vorurteile und Diskriminierung gegenüber dem Arbeitslosen fördern soziale Isolation und Kontaktschwierigkeiten. Störungen des Selbstwertgefühls und des Selbstkonzepts begünstigen Depressivität und Neigung zum Alkoholismus, Schuldgefühle und vieles mehr.

Es muß daher im Interesse aller Beteiligten liegen, eine faire und saubere Lösung für die Trennung zu finden. Das ist in der Praxis oft nicht einfach, weil sich die Fronten erfahrungsgemäß immer mehr verhärten und danach eine gütliche Verständigung fast unmöglich geworden ist. In allen diesen Fällen kann eine objektive und neutrale Outplacement-

Beratung den Betroffenen helfen, zu einer noch relativ guten Bewältigung oder gar Lösung des Trennungskonflikts zu kommen.

Outplacement kann die Grundbedingungen für eine „*positive Konfliktakzeptanz*" schaffen:
- der Betroffene sollte die Gründe, die zur Trennung führten, einsehen und nachvollziehen können;
- die Trennung selbst soll auch emotional als prinzipiell zu bewältigen dargestellt werden („Krise als Chance"), um unerwünschte Reaktionen möglichst zu vermeiden.

2.3 Lösungsmöglichkeiten für Positionsprobleme

Personalfreisetzungen lassen sich unternehmensintern wie -extern lösen. Vor der externen Freisetzung, d. h. der Trennung von der betroffenen Führungskraft, als Antwort auf eine entsprechende Positionskrise wird man immer zunächst eine kleine Lösung im eigenen Hause suchen. Sie bietet für das Unternehmen den Vorteil, den Knowhow-Verlust zu vermeiden und die Investition in das Humankapital des Mitarbeiters in einer anderen Position weiter zu nutzen.

Als *interne Problemlösungen* für Positionsprobleme kommen in Betracht:

Mitarbeiter verbleibt in seiner Position

In diesem Zusammenhang sollen die Eignung und Leistung des Mitarbeiters durch entsprechende Personalentwicklungs- und -förderungsmaßnahmen verbessert werden. Neben ausreichendem Potential sind eine gewisse Lern- und Veränderungsbereitschaft erforderlich. Wenn auch diese Maßnahmen nicht fruchten, kann die Aufgabenstellung neu formuliert oder die Stellenbeschreibung geändert werden.

Interne Versetzung des Mitarbeiters

Voraussetzung ist, daß im Unternehmensverbund auch eine geeignete Position vorhanden ist. Hierbei sollte es sich um eine ähnlich qualifizierte und angesehene Position handeln, die der Eignung und den Fähigkeiten der Führungskraft entspricht. Keine gute Lösung ist, den Betreffenden auf ein unbedeutendes Nebengleis abzuschieben, etwa mit „Sonderaufgaben" zu betrauen. Wachsende Unzufriedenheit, Verlust des Selbstwertgefühls und „innere Kündigung" sind die zwangsläufigen Folgeerscheinungen.

Als *externe Freisetzung* von Führungskräften kommen in Frage (vgl. Zander 1987):

Ordentliche Kündigung

Hat sich das Unternehmen zur Trennung entschlossen, kann dem Betroffenen nahegelegt werden, eine *Eigenkündigung* auszusprechen, oder der Mitarbeiter wird form- und fristgerecht gekündigt. Bezogen auf die Ursache kann zwischen

- betriebsbedingter,
- verhaltensbedingter und
- personenbedingter Freistellung

bzw. *Kündigung* unterschieden werden. Das Unternehmen beschränkt sich dabei auf die gesetzlich oder einzelvertraglich geltenden Verpflichtungen. Bei der Bewältigung der Kündigung wird der Mitarbeiter vollkommen sich selbst überlassen.

Gegenseitiger Aufhebungsvertrag

Das Unternehmen schlägt eine einvernehmliche Auflösung des Arbeitsvertrages vor. Der Aufhebungsvertrag berücksichtigt die Interessen der Führungskraft über das gesetzlich vorgeschriebene Maß hinaus und hilft, Störungen des Betriebsklimas zu vermeiden. Bestandteile der Trennungsvereinbarung sind das Vertragsende und vor allem die Abgeltung aller finanzieller Ansprüche wie

- Gehalt (Tantiemen, Nebenleistungen),
- Abfindungen,
- Karenzentschädigung für Wettbewerbsverbote,
- Versorgungsansprüche.

Erfahrungsgemäß erhalten etwa zwei Drittel der Führungskräfte eine Abfindung, wobei zum Teil beim Ausscheiden vor Vertragsablauf die verbleibende Restlaufzeit ganz oder teilweise vergütet wird.

Unterstützung bei der Stellensuche durch Outplacement

Die umfassende Unterstützung der freigestellten Führungskraft bei der Suche nach einer neuen Stelle durch einen Personalberater kann schließlich ein wichtiger Bestandteil des *Aufhebungsvertrages* sein oder bereits, wie z. B. in den USA schon häufig praktiziert, als Absicherung für alle Fälle vor Dienstbeginn in den *Arbeitsvertrag* aufgenommen werden.

Outplacement ist besonders dann angebracht, wenn das Unternehmen selbst den unmittelbaren Anstoß zur Trennung gibt.

2.4 Ziele und Motive einer Outplacement-Beratung

Durch die prozeßbegleitende Mitwirkung eines Beraters bei der Lösung von Positionskrisen wird die freizusetzende Führungskraft in die Lage versetzt, eine neue, ihren persönlichen und beruflichen Neigungen und Fähigkeiten in adäquater Weise entsprechende Führungsposition zu finden. Das Outplacement-Konzept verschafft dem Unternehmen die Möglichkeit, notwendige Positionswechsel im Führungskräftebereich mit geringeren Schwierigkeiten und Nachteilen für alle Beteiligten vorzunehmen.

> **Outplacement stellt eine freiwillige soziale Leistung des Unternehmens dar.**

Während die traditionelle Kündigung an vertraglichen und gesetzlichen Verpflichtungen orientiert ist, will Outplacement die freigesetzte Führungskraft bei der Fortsetzung ihres Berufsweges unterstützen und fördern. Die Führungskraft soll zwar beim Positionswechsel professionell beraten werden, jedoch durch eigene Kraft eine neue Aufgabe finden, die ihren Fähigkeiten und Neigungen entspricht, Entfaltungsmöglichkeiten bietet und Zufriedenheit bewirkt *("Hilfe zur Selbsthilfe")*. Outplacement ist damit ein *sozialverantwortlicher Trennungsprozeß* zwischen Unternehmen und Mitarbeiter, der nicht mit negativen Begleiterscheinungen unausweichlich verbunden sein muß, sondern als Neubeginn angesehen werden kann.

Die unternehmensspezifische Outplacement-Beratung hilft der *Geschäftsleitung* und dem verantwortlichen Personalmanagement,

- die firmen- und mitarbeiterspezifischen Hintergründe von Positionskrisen noch relativ objektiv zu klären;
- die weitere Vorgehensweise bereits im Vorfeld einer Trennung festzulegen und Folgeschritte abzustimmen;
- die Durchführung der Trennung von einer Führungskraft ebenso diskret wie fachgerecht abzuwickeln.

Die persönliche Betreuung und professionelle Beratung unterstützt den betroffenen *Mitarbeiter*,

– den initialen Schock zu überwinden.
– eine positive Grundeinstellung aufzubauen,
– sich seiner Potentiale und Zielsetzungen bewußt zu werden,
– eine persönliche Eigenmarketing-Strategie aufzubauen,
– seine Bewerbungsaktionen vorzubereiten und durchzuführen,
– eingehende Angebote zu prüfen und zu selektieren und
– eine neue, passende Position in vertretbarer Suchzeit zu finden.

Der erste Schritt eines Outplacement-Prozesses beginnt damit, daß sich Unternehmen und Führungskraft zu einem *offenen Gespräch* zusammenfinden, in dem das Problem in allen seinen Aspekten dargelegt wird. Wichtig hierbei ist, der Führungskraft trotz ihrer Positions*krise* die *Chancen* vor Augen zu führen, sich eine gänzlich neue Aufgabe suchen zu können.

Der Manager wird weder einfach gekündigt, noch wird er innerhalb des Unternehmens umgesetzt. Er erhält vielmehr das Angebot, aus einer ungekündigten Situation heraus mit Hilfe eines erfahrenen Beraters auf Kosten der Firma eine Position zu suchen, die seinen Wünschen entspricht. Insgesamt kommt das Unternehmen eine Outplacement-Beratung in der Regel günstiger als eine herkömmliche Kündigung. Das Outplacement-Konzept verfolgt von seinem Grundansatz her sowohl unternehmens- als auch mitarbeiterbezogene Ziele; es entspricht voll dem dualen Zielsystem des Personalmanagements:

> **Outplacement dient sowohl den ökonomischen als auch den sozialen Unternehmenszielen.**

Diese Aussage wird auch durch eine Analyse aller einschlägigen Veröffentlichungen über Outplacement (Mayrhofer 1987) bestätigt. Die nachfolgende Übersicht gibt einen Überblick über die in der Outplacement-Diskussion genannten mitarbeiter- und unternehmensbezogenen *Zielsetzungen*.

Ziele des Outplacement
(Quelle: Mayrhofer 1987, S. 154f.)

Unternehmensbezogene Ziele

1. Verringerung der mit der Trennung verbundenen monetären und nicht-monetären *Kosten* für die Organisation.
2. Beitrag zur Gestaltung der Übermittlung der *Nachricht* unter Berücksichtigung von Interessen der Organisation bzw. ihrer Vertreter (Überbringer) und des Betroffenen.
3. Positive Beeinflussung der in der Organisation verbleibenden *Arbeitnehmer*.
4. Nutzung der Trennung als Möglichkeit zur *Schwachstellenanalyse*.
5. Beeinflussung der *Organisation-Umwelt-Beziehung* in Richtung auf eine erhöhte Unterstützung seitens relevanter Umweltsegmente durch Sichtbarmachung der Bemühungen um ausscheidende Arbeitnehmer.

6. Gestaltung der *Beziehung* zwischen Organisation und Betroffenen in einer Weise, daß in Zukunft neue Austauschverhältnisse möglich sind.

Mitarbeiterbezogene Ziele
1. *Absicherung* der materiellen Lebensbedingungen durch eine dem Einzelnen und seiner individuellen Situation angepaßte finanzielle Regelung unter Ausnutzung der vorhandenen gesetzlichen Bestimmungen und der organisatorischen Möglichkeiten.
2. *Unterstützung* des direkt Betroffenen bei der personenspezifisch unterschiedlich ablaufenden Verarbeitung der Trennung auf psycho-emotionaler Ebene.
3. Einbeziehung der *sozialen Umwelt* des Betroffenen in die Betreuung, um die individuelle Verarbeitung zu fördern und die soziale Umgebung in der Anpassung an die geänderte Situation zu unterstützen.
4. Durchführung eines an den situativen und individuellen Notwendigkeiten ausgerichteten *Trainings* im kognitiven und verhaltensbezogenen Bereich, um die erforderliche Jobsuche zu unterstützen.
5. Interpretation der Trennung von der Organisation als normaler Einschnitt in die individuelle *Berufsbiographie* und Einsatz des entsprechenden diagnostischen Instrumentariums zur Analyse und (Erst-)Einschätzung der Karriere.

Eine Expertenbefragung der in der Bundesrepublik tätigen Outplacement-Spezialisten (insgesamt etwa ein Dutzend) ergab hinsichtlich der *Motive* von Unternehmen, eine *Outplacement-Beratung* zu engagieren, folgende Tendenzaussagen (Abbildung 5):

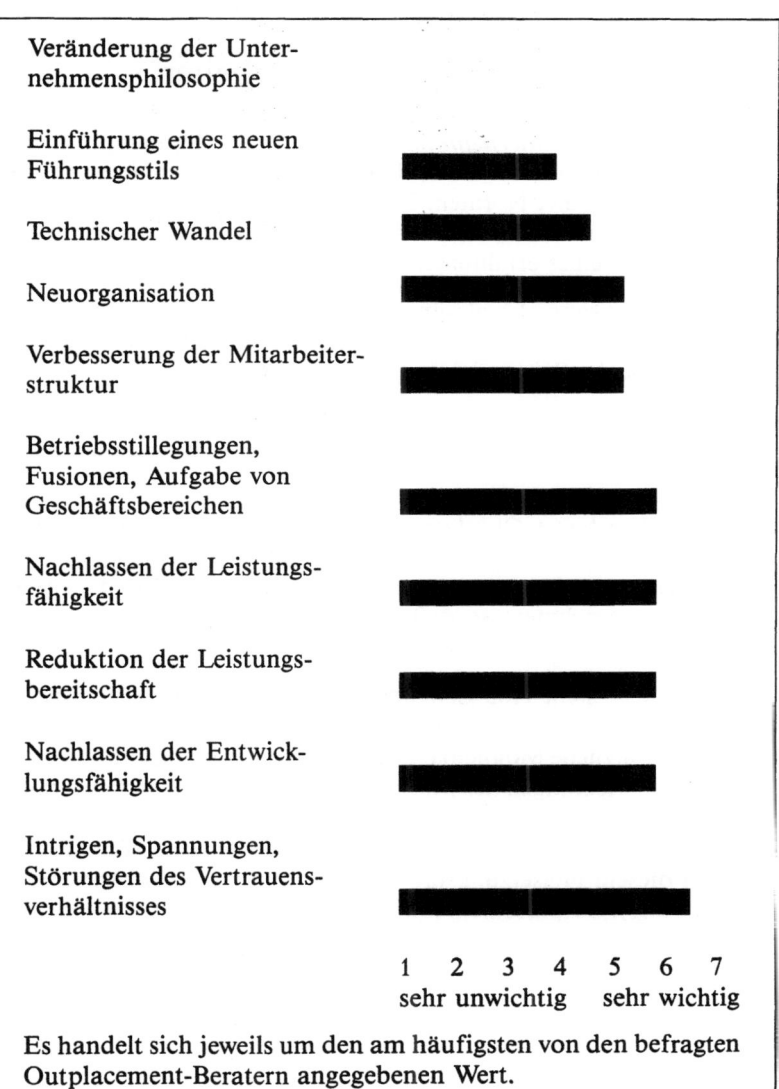

Quelle: Lingenfelder/Walz 1988a, S. 97

Abbildung 5: Motive für das Engagement einer Outplacement-Beratung

2.5 Vorteile des Outplacement für Unternehmen und Mitarbeiter

Aus der Sicht der *Unternehmung* geht es um die Trennung von einer Führungskraft unter Berücksichtigung wirtschaftlicher Notwendigkeit und sozialpolitischer Normen. Dem betroffenen *Mitarbeiter* hilft das Outplacement, noch von seinem alten Arbeitsplatz aus eine neue Position mit Hilfe eines erfahrenen Personalberaters zu finden.

Outplacement kann also als ein Instrument betrieblicher Personalplanung und individueller Karriereplanung angesehen werden, das den Interessen beider Seiten gleichermaßen dient.

Nutzen und Vorteile des Outplacement für Unternehmen *und* Mitarbeiter sind in den beiden nachfolgenden Übersichten zusammengefaßt.

Alles in allem bietet *Outplacement* eine neue „Problemlösung beim Positionswechsel im Management" (Stoebe). Die Trennung zwischen Führungskraft und Unternehmen geschieht mit Fairneß und im gegenseitigen Einvernehmen, so daß alle Beteiligten davon einen Nutzen haben.

Outplacement stellt eine Erweiterung der Instrumente betrieblicher Personal- und individueller Karriereplanung dar. Das Unternehmen hat eine zusätzliche Möglichkeit, seine Personalplanung auf die strukturellen Entwicklungen des Marktes hin auszurichten und unvermeidbare „Ausstellungen" im Management zum Vorteil aller Beteiligten durchzuführen. Die betroffenen Führungskräfte haben die Möglichkeit, an diesem Freisetzungsprozeß partizipativ mitzuwirken *(Selbstbestimmung)*. Outplacement hilft, *Konflikte* in einer Situation der Personalfreisetzung abzubauen, die sich – wie kaum eine andere – traditionell als konfliktträchtig erweist.

Vorteile und Nutzen von Outplacement für das Unternehmen

Rechtliche Aspekte
1. Unnötige, langwierige und teure Rechtsstreitigkeiten werden vermieden. ☐
2. Verhinderung möglicher arbeitsrechtlicher Schritte der Betroffenen. ☐

Finanzielle Aspekte
3. Lange Restlaufzeiten teurer Verträge können oft verkürzt werden. ☐
4. Entlastung des Unternehmens von zusätzlichen sozialen und finanziellen Leistungen. ☐

Unternehmens-/personalpolitische Aspekte
5. Image in der Öffentlichkeit als soziales Unternehmen wird gewahrt. ☐
6. Vermeidung von Negativpropaganda durch den Betroffenen bei Kunden, Banken, Behörden und Presse. ☐
7. Scheinlösungen wie Aufgabenreduzierung, Versetzung, Sonderaufgaben werden vermieden. ☐
8. Flexiblere Anpassung von Führungsstrukturen an neue Anforderungen. ☐
9. Fehlbesetzungen im Management werden korrigiert. ☐
10. Aufstiegspositionen für erfolgversprechende Nachwuchskräfte werden nicht blockiert. ☐
11. Glaubwürdigkeit des Managements bezüglich seiner sozialen Kompetenz und Verantwortung wird gestärkt. ☐
12. Durch schnelle Einigung und professionelle Vorgehensweise wird der Trennungs- und Suchprozeß verkürzt. ☐
13. Personalentwicklungsmaßnahmen können rechtzeitig auf zukünftige Anforderungen ausgerichtet werden. ☐

Organisationspsychologische Aspekte (Betriebsklima)

14. Arbeits- und Betriebsklima werden durch notwendige Positionswechsel nicht belastet. ☐
15. Negative Signalwirkungen auf andere Mitarbeiter werden vermieden. ☐
16. Streitigkeiten und böse Auseinandersetzungen werden vermieden. ☐
17. Motivation der anderen Führungskräfte, sich auch bei drohenden Entlassungen voll zu engagieren. ☐
18. Der „inneren Kündigung" altgedienter Mitarbeiter kann zuvorgekommen werden. ☐
19. Entdramatisierung von Trennung durch die professionelle Abwicklung mit Hilfe eines neutralen Beraters. ☐
20. Reibungslose Trennung von mehreren Mitarbeitern gleichzeitig (Gruppen-Outplacement). ☐

Individuelle/soziale Aspekte

21. Faire Form der Trennung vermeidet unnötige Härten für den Betroffenen. ☐
22. Positionswechsel werden ohne Schaden und Nachteile für die Betroffenen vollzogen. ☐
23. Übernahme sozialer Verantwortung gegenüber den Mitarbeitern wird bis zum endgültigen Ausscheiden entsprochen. ☐
24. Unangenehme Trennungsgespräche mit den betroffenen Führungskräften können leichter geführt werden. ☐
25. Verkürzung des Trennungsprozesses durch eine schnellere Einigung mit der ausscheidenden Führungskraft. ☐

Vorteile und Nutzen von Outplacement für den Mitarbeiter

Finanzielle Aspekte

1. Finanzielle Absicherung durch ein faires Trennungsangebot. ☐
2. Risiken des Wechsels werden durch die Beratung wesentlich reduziert. ☐
3. Hohe Sicherheit, eine neue, angemessene Position zu finden. ☐
4. Individuelle Karriereplanung und -beratung auf Kosten des alten Arbeitgebers. ☐

Karriere-Aspekte

5. Einvernehmlicher Abschied von einem Arbeitgeber, bei dem keine Karrierechancen mehr bestehen. ☐
6. Unterstützung durch einen erfahrenen Personalberater mit entsprechendem Know-how. ☐
7. Verhinderung der typischen Entlassenen-Situation („auf der Straße stehen"). ☐
8. Dadurch stärkere Position gegenüber arbeitslosen Mitbewerbern. ☐
9. Karriereplanung im Sinne einer systematischen Aufeinanderfolge von Laufbahnpositionen. ☐
10. Durch Positionswechsel neue Chance, eine besser geeignete Aufgabe im Markt zu finden. ☐
11. Durch Outplacement persönlicher Erfahrungszuwachs für spätere Lebenssituationen. ☐

Bewerbung und Stellensuche

12. Anleitung zum gezielten Eigen-Marketing (Zielgruppen-Definition etc.) durch einen erfahrenen Profi. ☐
13. Insertionen (Stellengesuche) über Namen und Anschrift des Personalberaters. ☐
14. Volle Inanspruchnahme des Büroservice im Beratungsunternehmen (Schreibtisch, Telekommunikation). ☐

15. Professionelle Planung, Vorbereitung und Durchführung aller Bewerbungsaktivitäten durch das Beratungsunternehmen. ☐
16. Optimale Vorbereitung auf Firmen, Positionen und Personen (Recherchen, Briefing). ☐
17. Vermeidung von Fehlentwicklungen durch profunde Marktkenntnis des Beraters. ☐
18. Beratung, Prüfung und Auswahl eingegangener Stellenangebote. ☐
19. Mitwirkung bei der Entscheidung sowie Aushandlung der Vertragsbedingungen. ☐

Psychologische Aspkete

20. Berater als Partner, Problemlöser und Ratgeber in allen Lebenslagen und -krisen. ☐
21. Verringerung psychischer Schäden traditioneller Kündigungen, z. B. Enttäuschung, Ärger, Depression. ☐
22. Aktive, positive Bewältigung einer momentanen Positionskrise als Karrierechance. ☐
23. Stärkung des Selbstwertgefühls durch die aktive Einbindung in den Stellensuchprozeß. ☐
24. Erhöhung der Selbsteinschätzung durch kreative Lernmöglichkeiten (Video-Verhaltenstraining). ☐
25. Bewerber lernt, sich überzeugend darzustellen (Interview- und Präsentationstechniken). ☐

2.6 Voraussetzungen für eine Outplacement-Beratung

Outplacement setzt die *einvernehmliche Trennung* zwischen dem betroffenen Mitarbeiter und dem Unternehmen voraus. Daneben muß zwischen allen Beteiligten Einvernehmen über eine *Outplacement-Beratung* bestehen (vgl. Abbildung 6). Von großem Vorteil für die freizusetzende Führungskraft ist die Möglichkeit, aus der relativ starken Position eines (noch) ungekündigten Arbeitsverhältnisses heraus suchen und sich bewerben zu können.

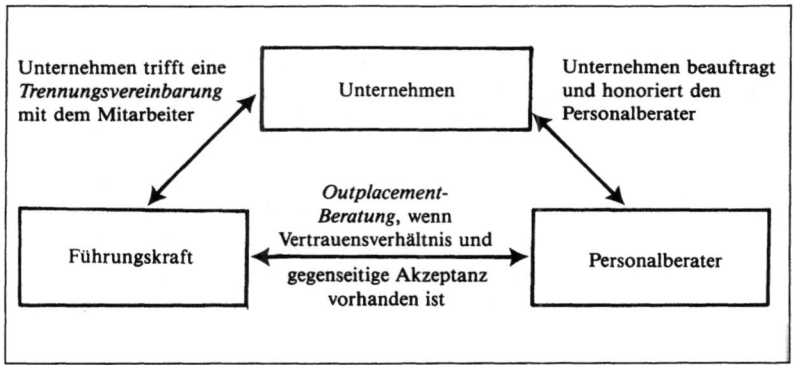

Abbildung 6: Beteiligte am Outplacement-Prozeß

Eine erfolgreiche Outplacement-Beratung sollte schon frühzeitig im Unternehmen beginnen. Das Konzept sollte keinesfalls mit zweifelhaften, unbotmäßigen Entlassungspraktiken in Verbindung gebracht werden. Schon gar nicht sollte Outplacement dazu herhalten, ein schlechtes Gewissen von seiten des Unternehmens zu beruhigen.

Die betroffene *Führungskraft* muß bereit sein, intensiv an sich selbst und ihrer eigenen Vermarktung arbeiten zu wollen. Destruktive Einstellung, Passivität oder ein irreales Wunschdenken des Betroffenen stehen einer erfolgreichen Outplacement-Beratung im Wege. In bestimmten Fällen kann sogar eine mangelnde regionale oder positionsmäßige Mobilität seitens des Betroffenen zu einer Ablehnung des Beratungsauftrags durch den Consultant führen.

Ebenso wichtig für eine Outplacement-Beratung ist auch die *Persönlichkeitsstruktur* des Betroffenen. Gesundheitliche Probleme wie Krankheiten, Depressionen, Drogenabhängigkeit (Alkohol, Tabletten) können einen erfolgreichen Verlauf verhindern. In diesen Fällen muß der eigentlichen Beratung eine ärztliche oder therapeutische Behandlung vorausgehen.

Schließlich muß die betroffene Führungskraft über ein Mindest-*Eignungsprofil* verfügen, d. h. ausreichende Qualifikationen besitzen, für die am Arbeitsmarkt ein entsprechender Bedarf besteht. Der Wechselzwang von Jobhoppern sollte durch Outplacement nicht unterstützt werden.

Der entscheidende Punkt für das Zustandekommen eines Beratungsauftrags ist schließlich ein Mindestmaß an *Vertrauen*, das der betroffene Kandidat dem Berater entgegenbringen muß. Auch wenn der Outplacement-Consultant in der Regel vom Unternehmen honoriert wird, so ist er kein Erfüllungsorgan oder Informationsträger seines Auftraggebers. Oberstes Arbeitsprinzip des Beraters bleibt die absolute Diskretion im Hinblick auf seinen Klienten, auch und gerade gegenüber dem „ausstellenden" Unternehmen. Die „Chemie" zwischen Berater und Klient sollte also stimmen, wenn man für mehrere Monate bei sehr persönlichen Themen und Problemen relativ eng, besonders intensiv und erfolgreich zusammenarbeiten will.

Wer nicht kann, was er will, muß wollen, was er kann.
Leonardo da Vinci (1452−1519)

3. Wie: Methoden und Instrumente des Outplacement

Wolfgang Fritz

Gleichgültig, ob eine Führungskraft sich von einem Mitarbeiter trennen muß oder selbst in einer beruflichen Krise ist, in jedem Fall ist sie mit der Bewältigung einer Aufgabe konfrontiert, auf die sie häufig nicht vorbereitet ist und die sie alleine oft nicht oder nur unzureichend bewältigen kann. Als für die Freisetzung zuständige Führungskraft muß sie den Trennungskonflikt zwischen Mitarbeiter und Unternehmen unter vertrags-, arbeitsrechtlichen sowie sozialen und menschlichen Gesichtspunkten optimal lösen. Als selbst betroffene Führungskraft muß sie ihre berufliche und persönliche Krise bewältigen und sich auf dem Arbeitsmarkt eine neue passende Position suchen.

Die Bewältigung dieser Aufgaben ist das Ziel der Outplacement-Beratung als speziellem Personalberatungs-Service für das Unternehmen und die betroffenen Mitarbeiter: zum einen den Trennungskonflikt zu entschärfen durch eine fachgerechte und faire Abwicklung der Trennung, zum anderen eine Existenzkrise zu vermeiden durch fachkundige Unterstützung bei der Suche nach einer neuen Position.

Im folgenden werden Methoden und Instrumente des Outplacement näher erläutert. Zunächst geht es um die Beteiligten, dann werden die Phasen des Beratungsprozesses beschrieben: die unternehmensspezifische Vorbereitung, die Einleitung und Durchführung des Trennungsprozesses und die Individual-Outplacement-Beratung. Im Anschluß daran werden Unterschiede zwischen der Individual- und der Gruppen-Outplacement-Beratung aufgeführt.

3.1 Beteiligte am Outplacement-Beratungsprozeß

Die Beteiligten im Spannungsfeld bei der Trennung

An der Durchführung des Outplacement-Beratungsprozesses sind im allgemeinen drei Parteien beteiligt: das Unternehmen, der freizusetzende Mitarbeiter und der Outplacement-Berater.

Alle Beteiligten stehen untereinander in einem besonderen Spannungsverhältnis (vgl. Abbildung 6, S. 43). Dies ist auch in dem eingangs geschilderten Beispiel (Seite 19) des F. Z. deutlich zu erkennen.

Aus diesem Grunde beschloß das Unternehmen, das Problem durch eine einvernehmliche Trennung von F. Z. zu lösen. Angesichts der Konfliktträchtigkeit der Situation und der zu erwartenden Schwierigkeiten wurde deshalb eine Outplacement-Beratung in Erwägung gezogen.

Beim ersten Kontakt zwischen dem Outplacement-Berater und dem Geschäftsführer Technik/Vertrieb beschrieb dieser den Leiter der Entwicklungsabteilung als insuffizient, träge, faul und nicht kooperationsbereit.

F. Z. wiederum beklagte sich in dem Gespräch mit dem Berater, daß der neue Geschäftsführer kein Verständnis für ihn habe, fachlich nicht kompetent und in seinem Führungsstil viel zu autoritär sei. Sein Glaube an die Führungskräfte und die Unternehmen sei tief erschüttert. Am liebsten würde er gar nicht mehr arbeiten.

Vermittlungsversuche seitens des Beraters scheiterten an der starren Haltung des Vorgesetzten. „Lieber würde er auf die Fachkompetenz des F. Z. verzichten, als sich mit ihm immer wieder auseinanderzusetzen."

F. Z. gab zu verstehen, daß er unter diesen Umständen nicht weiterarbeiten könne.

Eine erfolgreiche Zusammenarbeit zwischen F. Z. und seinem neuen Vorgesetzten war offensichtlich nicht möglich, und alle Beteiligten kamen überein, daß sich F. Z. mit Unterstützung durch eine Outplacement-Beratung eine neue Aufgabe suchen sollte.

Typisch an diesem Fall und vielen ähnlichen Fällen ist das Unvermögen von Menschen, Mißverständnisse, unterschiedliche Auffassungen, gestörte zwischenmenschliche Beziehungen usw. zu beheben.

Typisch ist aber auch die Eskalation von persönlichen Vorstellungen bis hin zum Konflikt. Dieser Konflikt wird durch den Trennungsvorgang bei den Beteiligten zusätzlich verstärkt und zeigt sich in widerstreitenden Gefühlen bei den Beteiligten.

Der betroffene Mitarbeiter

Die Erfahrung, seinen Arbeitsplatz zu verlieren, zählt zu den schmerzlichsten Erlebnissen im Berufsleben eines jeden Arbeitnehmers. Das Selbstwertgefühl ist enorm beeinträchtigt. Unsicherheit und Zukunftsangst prägen für geraume Zeit das Befinden und Verhalten des Betroffenen. Enttäuschung und Verbitterung führen oft zu depressiven, resignativen Grundhaltungen oder machen sich in aggressiven Aktionen bemerkbar. Fragen, auf die er keine Antworten findet, bestimmen und blockieren sein Denken:

„Habe ich etwas falsch gemacht? Genüge ich den neuen Anforderungen nicht mehr? Kann ich denn überhaupt noch etwas richtig machen? Wie soll es jetzt bloß weitergehen? Wozu tauge ich überhaupt noch?"

Genauso zwiespältig sind die Betroffenen oft gegenüber der Beratung. Skepsis herrscht sehr häufig vor, aber auch zur Schau gestellter Optimismus ist zu finden, oft jedoch auch starke Anlehnung an den Berater, verbunden mit der Hoffnung, daß er es schon schaffen wird.

Die zuständige Führungskraft

Ob als zuständige Führungskraft oder als Personalleiter, Kündigungen werden immer als unangenehme, belastende Aufgabe empfunden. Oft sind die Gründe für eine Trennung nicht eindeutig formulierbar. Die Frage, ob die Gründe einer eventuell zu erwartenden arbeitsrechtlichen Auseinandersetzung standhalten, steht im Raume. Der *Rollenkonflikt* zwischen der Verantwortung dem Unternehmen gegenüber und der dem freizusetzenden Mitarbeiter gegenüber findet nicht selten in einer ungeschickten Abwicklung seinen Ausdruck. Oft werden alte Verfehlungen summiert, um ein möglichst massives Argumentationsbündel für die Richtigkeit der Kündigung zu haben. Auf der anderen Seite glauben die für eine Trennung Zuständigen, es sei das Beste, es kurz und bündig zu machen. Häufig wird eine Kündigung auch durch Maßnahmen gegen den Mitarbeiter über einen längeren Zeitraum vorbereitet. Die notwendige Abwicklung wird sehr oft so unangenehm empfunden, daß sich Persönlichkeit und Verhalten völlig ändern. Führungskräfte, die üblicherweise großen Wert auf Kommunikation und Kooperation legen, zeigen sich in solchen Situationen vielleicht aus Unsicherheit und Nervosität häufig distanziert, kühl und barsch. Führungskräfte, die sonst prägnant und zielorientiert argumentieren, drücken sich plötzlich diffus und unpräzise aus, und solche, die normalerweise die Distanz zwischen Führungskraft und Mitarbeiter befürworten, solidarisieren sich plötzlich mit dem betroffenen Mitarbeiter.

Der Outplacement-Berater

Die Rolle des Outplacement-Beraters muß bei allem Engagement und der echten Bereitschaft, sich mit den Problemen und Krisen der am Trennungsprozeß Beteiligten zu befassen, *neutral* sein. Er muß beiden Parteien helfen, die Trennung sowohl rational als auch emotional zu bewältigen, damit es zu einem fairen Interessenausgleich kommt. Der spezialisierte Berater muß durch seine Katalysatorwirkung und ganzheitliche, systematische Beratung den Konflikt zwischen Betroffenem und Unternehmen minimieren und Fehlverhalten bei den Beteiligten in eine positive, konstruktive Grundhaltung umwandeln.

3.2 Lösungsansatz durch Konfliktmanagement bei der Trennung

Ziel der ganzheitlichen Outplacement-Beratung ist, das Unternehmen und den betroffenen Mitarbeiter in der Lösung der Trennungskonflikte so zu beraten, daß für beide Seiten eine optimale Lösung gefunden wird. Grundsätzlich gilt es, zwei Fragen aufzuarbeiten:

- Was kann man auf der „*Auslöserseite*" bei der Trennungsvorbereitung und -durchführung tun?
- Was muß man für den *Betroffenen* tun, um eine rasche, adäquate Lösung herbeizuführen?

In einer unternehmensspezifischen Vorbereitungs- und Beratungsphase wird zwischen Berater und der für die Trennung verantwortlichen Führungskraft zunächst der firmenspezifische und mitarbeiterspezifische Hintergrund geklärt. Weiterhin wird die Vorgehensweise im Vorfeld und bei der Trennung selbst festgelegt und abgestimmt. Die für eine Durchführung der Trennung verantwortliche Führungskraft wird beraten und vorbereitet.

Danach erfolgt die eigentliche Individual-Outplacement-Beratung des betroffenen Mitarbeiters. Sie hat zum Ziel, durch Konfliktsteuerung und Verarbeitung in Lernprozessen über drei Phasen eine produktive Bewältigung des Konfliktes zu erreichen:

– Positive Konfliktakzeptanz,
– Erarbeitung von Lösungsmöglichkeiten und positive Reaktion und
– Aktion auf die persönliche Situation.

3.3 Ablauf des Outplacement-Beratungsprozesses

Der ganzheitliche, systematische Outplacement-Prozeß umfaßt drei Phasen:

– Die unternehmensspezifische Vorbereitung,
– die Einleitung des Trennungsvorganges und die Durchführung durch die Führungskraft und das Personalmanagement,
– die Individual-Outplacement-Beratung zur beruflichen Neuorientierung des betroffenen Mitarbeiters.

In Abbildung 7 ist der idealtypische Ablauf des Outplacement-Beratungsprozesses dargestellt.

1. Unternehmensspezifische Vorbereitung
↓
Erörterung der beabsichtigten Trennung, der Chancen und Möglichkeiten des Betroffenen sowie

↓

Abklärung der notwendigen Maßnahmen zwischen zuständiger Führungskraft, Personalmanagement und Outplacement-Berater ↓

Entscheidung für die Trennung und Outplacement-Beratung durch die Geschäftsführung/Personalleitung

2. Einleitung und Durchführung des Trennungsprozesses
↓
Vorbereitung und Festlegung der Maßnahmen durch das Personalmanagement ↓

Einleitung des Trennungsvorganges mit Klärung der arbeitsrechtlichen Fragen und dem Angebot von Outplacement-Beratung durch die zuständige Führungskraft und das Personalmanagement ↓

Kontaktaufnahme und Erstgespräch zwischen Betroffenen und Outplacement-Berater ↓

Entscheidung des betroffenen Mitarbeiters, das Unternehmen zu verlassen und eine berufliche Neuorientierung mit Hilfe der Outplacement-Beratung zu beginnen

3. Individual-Outplacement-Beratung
↓
Zeitlich unbegrenzte Beratung des Betroffenen durch den Outplacement-Berater bis zum Abschluß eines neuen Arbeitsvertrages, inklusive der Vorbereitung auf die neue Position

Abbildung 7: Durchführung der Outplacement-Beratung als ganzheitlicher systematischer Prozeß in drei Phasen

Die unternehmensspezifische Vorbereitung

Erwägt ein Unternehmen im Zusammenhang der Trennung von einem Mitarbeiter, diesem eine Outplacement-Beratung anzubieten, so hat sich in der Praxis als sinnvoll erwiesen, vorab mit dem Outplacement-Berater die Chancen und Möglichkeiten abzuwägen und die notwendigen Maßnahmen für die Trennung firmenintern entsprechend vorzubereiten. Dabei ist es sinnvoll, die folgenden Fragen sorgfältig abzuklären.

Leitfragen zur Klärung der notwendigen Maßnahmen bei der Trennung

- Ist eine Trennung zwingend notwendig?
- Sind alle möglichen Alternativen sorgfältig abgeklärt?
- Was sind die Gründe für die beabsichtigte Freisetzung?
- Welche Begründung für die beabsichtigte Trennung ist davon ableitbar?
- Wie ist der bisherige Werdegang des Betroffenen einzuschätzen? Wo liegen seine Stärken? Wie sehen seine Marktchancen aus?
- Gibt es Möglichkeiten, ihn an anderer Stelle im Unternehmen einzusetzen?
- Kann er bei anderen Firmen empfohlen werden?
- Was wird dem Betroffenen zu sagen sein?
- Wer und in welcher Weise wird den Betroffenen informieren?
- Wer spricht die beabsichtigte Trennung an? Ist der Betreffende für diese Aufgabe entsprechend vorbereitet?
- Mit welchen emotionalen Reaktionen ist zu rechnen? Könnten hier größere Probleme auftreten?
- Welche Rolle spielt der familiäre Hintergrund des Betroffenen?
- Welche individuelle Regelung ist im Rahmen eines Aufhebungsvertrages vorgesehen?
- Wie lange wird der Trennungsprozeß voraussichtlich dauern?
- Mit welchen Reaktionen ist inner- und außerbetrieblich zu rechnen?
- Wer gibt auf Anfragen Stellungnahmen ab? Wer steht als Referenz zur Verfügung?
- Sind juristische oder sonstige Verwicklungen zu befürchten?

Wird als Ergebnis dieses Klärungsprozesses eine Trennung als zwingend notwendig erachtet und die Chance für eine berufliche Neuorientierung positiv beurteilt, so wird nun die zweite Phase des Outplacement-Prozesses eingeleitet.

Die Einleitung des Trennungsvorgangs und die Durchführung

Zunächst erfolgt eine sorgfältige *Vorbereitung der Maßnahmen* durch die für die Freisetzung verantwortlichen Führungskräfte unter Mitwirkung des Beraters hinsichtlich:

- Zeitpunkt der Trennung
  Welches Datum für eine Beendigung des Arbeitsverhältnisses ergibt sich aus dem Arbeitsvertrag? Muß/kann von diesem Datum abgewichen werden? Gibt es eine Möglichkeit, die aus dem Vertrag sich ergebende Kündigungslaufzeit eventuell zu verlängern oder den Zeitpunkt des Ausscheidens ganz offen zu lassen?
- Begründung für die Trennung
  Gibt es Gründe, die für alle Beteiligten nachvollziehbar sind, die alle mittragen können? (Siehe hierzu auch „Leitfaden zur Erarbeitung der Ursachen der Trennung und einer plausiblen Veränderungsbegründung", Seite 57)
- Organisatorische Fragen
  Kann der Mitarbeiter weiterhin seine Aufgaben wahrnehmen? Ist eine Freistellung erforderlich oder günstig?
- Information nach innen und außen
  Wer gibt die Trennung bekannt? Wann wird sie veröffentlicht? Mündlich oder schriftlich? Ist eine Pressenotiz notwendig?
- Aufhebungsvertrag
  Vorschlag fairer Konditionen bei einer einvernehmlichen Vertragsauflösung.

Die Information über die notwendige Trennung und die dadurch bedingte Freisetzung des Mitarbeiters sollte durch ein *persönliches Gespräch* erfolgen, wobei die „Interessenpolarität" zwischen den Belangen des Mitarbeiters und des Unternehmens auf dem Hintergrund der „Trennungsbegründung" argumentativ ausgewogen dargestellt werden sollte.

Die Bekanntgabe der notwendigen Trennung sollte in Abstimmung/ Anwesenheit der Entscheidungsträger (Geschäftsleitung, Personalleitung, direkter Vorgesetzter) für diese Maßnahme erfolgen.

Inhalt der Bekanntgabe sollten die Trennung selbst, die Ursachen/ Begründung für die Trennung, die Leistungen des Unternehmens im Zusammenhang eines Aufhebungsvertrages und das Beratungsangebot der Outplacement-Beratung sein.

Nach der grundsätzlichen Bekanntgabe sollte der Betroffene Gelegenheit zu weiteren Gesprächen mit dem zuständigen Personalleiter bzw. Linienvorgesetzten haben.

Parallel zu den firmeninternen Gesprächen sollte die erste *Kontaktaufnahme des Betroffenen mit dem Outplacement-Berater* erfolgen. Der Outplacement-Berater erläutert in einem ausführlichen Gespräch eingehend die Outplacement-Beratungsleistung und zeigt die Möglichkeiten, Ziele und Grenzen auf. Eingehend wird auch die Art der Beziehung zwischen Berater und zu Beratendem angesprochen.

3.4 Individual-Outplacement-Beratung

Wenn die Trennung beschlossen ist und der Betroffene eine Outplacement-Beratung akzeptiert, geht es für den sich beruflich Neuorientierenden darum, seine Situation zu verarbeiten und in vertretbarer Zeit durch eine entsprechende „*Vermarktung*" seines Leistungsangebotes eine adäquate neue Position zu finden. Um dieses Ziel konsequent verfolgen zu können, müssen in einem systematischen Prozeß Schritt für Schritt verschiedene Stufen von der Ursachenforschung über das individuelle Marketing der gesamten Neuorientierungs- und Bewerbungsphase bis hin zum erfolgreichen Abschluß eines neuen Vertrages durchlaufen werden.

Die in Abbildung 8 dargestellte Ablaufsystematik hat sich bei der Individual-Outplacement-Beratung in der Praxis bewährt.

Der Berater führt den Betroffenen durch persönliche Betreuung und systematische, methodische Beratung unter besonderer Berücksichtigung der persönlichen Problematik durch die einzelnen Stufen:

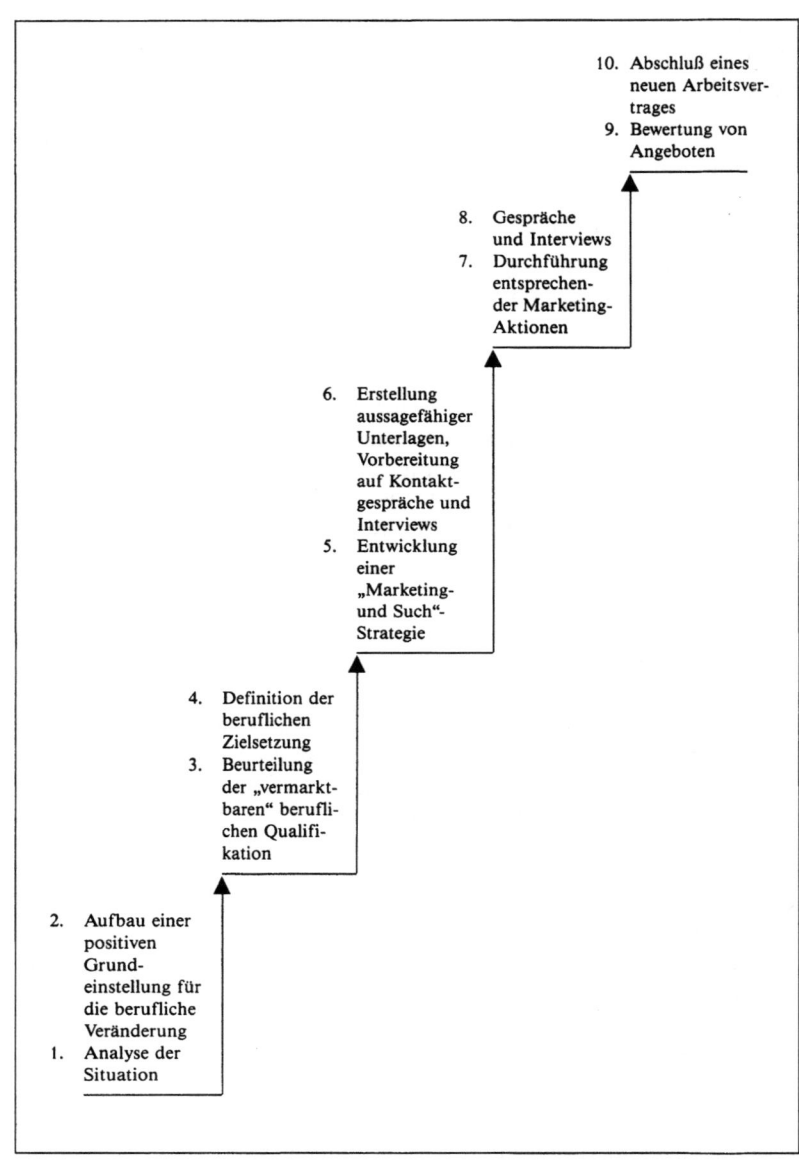

Abbildung 8: Ablaufsystematik der Individual-Outplacement-Beratung

- Zunächst wird eine Analyse der aktuellen Situation vorgenommen. Der initiale Schock muß überwunden und eine positive Grundeinstellung aufgebaut werden.
- Es folgt eine Beurteilung der „vermarktbaren" Fähigkeiten, Kenntnisse, Fertigkeiten, Erfahrungen und Wünsche und der daraus ableitbaren Positionierungsmöglichkeiten und persönlichen Zielsetzung.
- Die Erstellung aussagefähiger Unterlagen sowie die Entwicklung einer realistischen „Marketing- und Such-Strategie" ist der nächste Schritt.
- Danach werden Marketing-Aktionen vorbereitet und durchgeführt sowie das Interview — das Verkaufsgespräch in eigener Sache — trainiert.
- Zum Schluß der Beratung werden mögliche Angebote gewertet und selektiert und über konkrete Vertragsverhandlungen zum positiven Abschluß gebracht.

In den folgenden Abschnitten werden die einzelnen Schritte näher erläutert.

Analyse der Situation und Aufbau einer positiven Grundeinstellung für die berufliche Veränderung

Seinen Arbeitsplatz zu verlieren, ist häufig verbunden mit Schock und Trauma. Das Selbstwertgefühl des Betroffenen ist enorm beeinträchtigt. Enttäuschung und Verbitterung führen oft zu Resignation, gelegentlich Depression oder werden in aggressiven Aktionen freigesetzt.

F. Z. aus dem eingangs geschilderten Beispiel zeigte sich sehr widersprüchlich. Auf der einen Seite war er vordergründig froh, daß es zu einer Lösung der Konfliktsituation kommen sollte, auf der anderen Seite versuchte er, immer wieder Gründe anzuführen, die belegen sollten, daß das Unternehmen eigentlich auf ihn nicht verzichten könne. Die Akzeptanz der Realität seiner Situation wurde durch Rationalisierung verdrängt, gleichzeitig zeigte sich ein hohes Emotionspotential, das sich in von ihm geplanten Aktionen gegen den bisherigen Arbeitgeber freizusetzen versuchte. Das war die Ausgangssituation, die den Beginn der Individual-Outplacement-Beratung von F. Z. kennzeichnete.

In den ersten Arbeitssitzungen ging es zunächst darum, F. Z. die Einsicht in die Ursache zu vermitteln, um eine rationale und emotionale Verarbeitung und damit Akzeptanz herbeizuführen. Die dabei vorzunehmende Ursachenforschung stellt die Grundlage einer erfolgreichen Bewältigung der Situation und damit der Beratungsleistung dar. Sie ist auf die individuelle Charakteristik des Betroffenen auszurichten. Die Ursachen, die zu einer beruflichen Krise führen, sind oft recht komplexer Natur. Häufig stellen sie eine Kombination von in der Person liegenden und aus der Unternehmenssituation kommenden Faktoren dar. Die aktive Auseinandersetzung mit der derzeitigen beruflichen Situation und die Reflexion der möglichen Ursachen, die hierzu geführt haben, bilden die Basis für die notwendige berufliche Neuorientierung. Eine konstruktive Verarbeitung ist die Voraussetzung für eine positive Einstellung und eine schlüssige sowie überzeugende Argumentation für die notwendige Veränderung.

Hauptinhalte der Analyse der Situation sind:

- Die Wertung der eingetretenen Situation durch den Betroffenen.
- Die gemeinsame objektive Beurteilung der Situation durch den Berater und den Betroffenen.
- Die grundsätzliche Erörterung des beruflichen Werdegangs, der beruflichen Entwicklung im jetzigen Unternehmen und der erreichten Ziele.
- Die erste generelle Übersicht über die berufliche Qualifikation und Ableitung von Vorstellungen für die berufliche Zukunft.

Die Analyse muß in offener, konstruktiver und kritischer Auseinandersetzung zwischen Berater und Betroffenem erfolgen. Dabei haben sich nachfolgender Leitfaden und nachfolgende Leitfragen als sehr hilfreich erwiesen.

Leitfaden zur Erarbeitung der Ursachen der Trennung und einer plausiblen Veränderungsbegründung

- Möglichst exakte wertfreie Beschreibung der für die Trennung verantwortlichen sachlichen Faktoren. Faktor 1 ..., 2 ... usw.
  ↓
- Beteiligte Personen (P1, P2 usw.) benennen und deren Verhalten möglichst objektiv berschreiben.
  P1 ...
  P2 ...
  P3 ... usw.
  ↓
- Beziehungsgeflecht der beteiligten Personen aufzeigen und Kommunikationsbeziehungen zuordnen.

  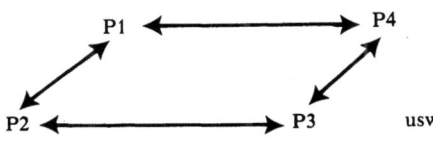

  usw.
  ↓
- Äußerungen auf den Kommunikationsebenen
  „Sachebene"
  „Beziehungsebene" hinterfragen und der jeweiligen Ebene zuordnen.
  Wie sehen die Beteiligten die Situation? Mißverständnisse? Fehleinschätzungen? Vorurteile?
  Was wurde gesagt, was verstanden; was war gemeint; was wurde eventuell mißverstanden?
  ↓
- Ermittlung von Konfliktkreisen und Resonanzkreisen und entsprechende Zuordnung in das Beziehungsgeflecht.
  ↓
- Verhalten der beteiligten Personen und deren Aktivitäten/Aktionen nach möglichen Ursachen und Konfliktarten untersuchen.
  ↓
- Will nicht? Motiv-Wertvorstellungs-Rollenkonflikt
  ↓
- Kann nicht? Qualifikationskonflikt zwischen Anforderungs- und Qualifikationsprofil, Fach- und Führungswissen
  ↓
- Darf nicht? Organisations-Kompetenz-Arbeitsablaufkonflikt
  ↓
- Wertung und persönliche Schlußfolgerung
  ↓
- Formulierung der Veränderungsbegründung

Leitfragen zur Analyse der Situation

- Welche Wertvorstellungen und Ziele hat das Unternehmen? Sind diese bekannt? Können Sie sich damit identifizieren? Können Sie an der Gestaltung und Realisation mitwirken?
- Gibt es übergeordnete unternehmerische Entscheidungen, die Ihre Position, Qualifikation tangieren, in Frage stellen oder überflüssig machen?
- Gibt es bestimmte Arbeits- und Verhaltensnormen und -regeln? Können Sie sich damit identifizieren? Verhalten Sie sich entsprechend dieser „Spielregeln"?
- Sind Sie von aktuellen oder zukünftigen Strukturanpassungen, organisatorischen Veränderungen, Fusionen, Verkäufen oder Schließungen betroffen?
- Fühlen Sie sich im Unternehmen wohl?
- Haben Sie ein kooperatives Grundverständnis mit Ihren Kollegen und Vorgesetzten?
- Wie ist Ihr Verhältnis zu Ihrem direkten Vorgesetzten?
- Hat ein Wechsel des Vorgesetzten stattgefunden oder steht einer bevor? Hat dieser stattgefundene oder bevorstehende Wechsel auf Ihre Situation Einfluß?
- Akzeptieren Sie Ihre direkten Vorgesetzten fachlich und menschlich?
- Wie stark sind Sie in Ihrer Leistung von Ihrem Vorgesetzten abhängig?
- Haben Ihr Vorgesetzter und die wichtigen Meinungsbildner im Unternehmen ein richtiges Bild von Ihnen?
- Wie wird Ihre Leistung gesehen, wird sie anerkannt, geschätzt?
- Sind Sie in wichtige Entscheidungen einbezogen worden?
- Sind Sie in die formalen und informellen Informationsflüsse einbezogen?
- Erhalten Sie Feedback über Ihre Leistung, Lob und Anerkennung?
- Wie sieht Ihr eigener Handlungs- und Verantwortungsspielraum aus?
- Welchen Beitrag leisten Sie für das Unternehmen? Ist dieser wichtig?

- Empfinden Sie, daß Sie eine sinnvolle Tätigkeit ausüben? Befriedigt Sie Ihre Arbeit?
- Können Sie Ihre Kenntnisse, Fähigkeiten und Fertigkeiten voll entfalten?
- Haben Sie die notwendige Anpassungsfähigkeit?
- Reicht Ihre Initiative, Risikobereitschaft, Flexibilität und Teamfähigkeit aus, um den an Sie gestellten Anforderungen und Erwartungen gerecht zu werden?
- Reicht Ihre Qualifikation und Erfahrung aus, um den Anforderungen zu entsprechen?
- Besitzen Sie genügend Kommunikationsgeschick und Überzeugungsfähigkeit, um sich durchzusetzen?

Das Ziel einer solchen intensiven Situationsanalyse ist eine konstruktive Verarbeitung und Akzeptanz der Situation und bildet im Ergebnis die Basisargumentation für eine schriftlich festzulegende Veränderungsbegründung.

Es ist unter psychologischen Gesichtspunkten sinnvoll, bei der Veränderungsbegründung nicht nur die Gründe für die Trennung darzulegen, sondern sie in den Gesamtzusammenhang der Tätigkeit bei dem Unternehmen zu stellen.

Die Veränderungsbegründung setzt sich unter den oben genannten Gesichtspunkten aus drei Informationseinheiten zusammen:

- Begründung, warum und wann man zu dem Unternehmen gegangen ist.
- Aufzeigen, welche Tätigkeiten wahrgenommen wurden und welche Leistungen man in der Zeit der Zugehörigkeit erbracht hat.
- Darlegung der Gründe, die zur Trennung geführt haben.

Auf den folgenden Seiten sind einige Formulierungsbeispiele für die Veränderungsbegründung aufgeführt.

Formulierungsbeispiele für die Veränderungsbegründung

- Ich bin 1975 zu ... gegangen, weil die angebotenen Entwicklungsmöglichkeiten mich reizten. In den Folgejahren habe ich verschiedene, zum Teil leitende Aufgaben in der Revision, Planung, Organisation, und Datenverarbeitung wahrgenommen.
  Die Organisation und Datenverarbeitung habe ich bei einer Tochtergesellschaft von ... aufgebaut und leite diese Abteilung von Anfang an mit Erfolg.
  Im Zusammenhang eines Wechsels der für mich zuständigen Führungskraft wurden andere Vorstellungen über den Beitrag, den die von mir geleitete Abteilung zu erbringen hat, entwickelt. Es kam zu unterschiedlichen Vorstellungen zwischen meinen mehr auf die heutigen und mittelfristig realisierbaren Anforderungen und mehr praxisorientierten Auffassungen und den Ansichten meines Vorgesetzten, die mehr auf die Zukunftstechnologie ausgerichtet sind. Darunter litt mehr und mehr auch die Information und Kommunikation zwischen ihm und mir.
  In einem Grundsatzgespräch haben wir festgestellt, daß eine Annäherung der unterschiedlichen Auffassungen, die eine tragfähige gemeinsame Basis für die Zukunft darstellen würde, nicht erreichbar ist.
  Aus diesem Grunde haben wir uns geeinigt, daß ich mich mittelfristig nach einer neuen Aufgabe umsehe.

- Nach fast 10jähriger Tätigkeit bei ..., bei der ich mich vom Trainee bis zum Export-Verkaufsleiter für verschiedene internationale Märkte entwickelt habe, wurde mein Bereich von ... aufgekauft.
  Aufgrund der anderen Organisationsstruktur bei der neuen Firma ist meine Position als Export-Verkaufsleiter in der ursprünglichen Form nicht mehr vorhanden.
  Gemeinsame Überlegungen, mir eine adäquate Position in der neuen Organisation zu übertragen, führten zu keinem Ergebnis.

Deshalb suche ich jetzt eine neue Aufgabe im Export-Verkaufsmanagement, in der ich meine umfangreichen Erfahrungen im Verkauf in internationalen Märkten einsetzen kann.

- Ich bin 1980 als PR-Manager zu ... gegangen, obwohl mir bekannt war, daß über eine solche Position im Unternehmen unterschiedliche Auffassungen bestanden. Mich reizte es, gerade in einer Zeit, in der die ... Industrie insgesamt mit Imageproblemen zu kämpfen hatte, durch offensiv geführte Öffentlichkeitsarbeit und interne Kommunikation die wirtschaftlichen, technischen und ökologischen Errungenschaften des Unternehmens sichtbar zu machen.

Nach zwei Jahren zeigte sich, daß zwischen meinen Intentionen, die ich mit der Übernahme der Aufgabe verband, und der Realität, wie sie sich im Unternehmen − auch im persönlichen Bereich − darstellt, eine zu große Diskrepanz bestand. Aus diesem Grunde habe ich um die Auflösung meines Vertrages gebeten.

- Seit 1978 bin ich bei ... und verschiedenen Tochtergesellschaften in verantwortlichen und leitenden Positionen des Personalwesens tätig.

Als ich 1983 gebeten wurde, die Leitung des Personalwesens bei ... zu übernehmen, war dies für mich zum einen aus der im Konzern üblichen Praxis heraus selbstverständlich, zum anderen reizte mich die Beförderung in die Gesamtverantwortung für das Personalwesen eines international operierenden Unternehmens.

Notwendige Struktur- und Rationalisierungsmaßnahmen sowie die immer stärkere Anbindung des Unternehmens an die Muttergesellschaft reduzierten meine ursprüngliche Aufgabe auf eine Werkspersonalleiteraufgabe. Dies entspricht nicht meinen Vorstellungen und Zielsetzungen einer Tätigkeit für die nächsten Jahre. Gespräche über mögliche Alternativen bei ... ergaben jeweils nur Spezialaufgaben, aber keine Aufgabe mit einer Gesamtverantwortung im Personalwesen. Da eine Aufgabe in dem von mir gewünschten Sinne in den nächsten Jahren nicht frei wird, bin ich mit ... übereinge-

> kommen, mich mittelfristig beruflich außerhalb des Konzerns neu zu orientieren.
>
> - Es wurde im Unternehmen beschlossen, sich auf den immer schwieriger werdenden Markt mit einer veränderten Politik einzustellen.
> An die Stelle einer expansiven Marketingpolitik traten kostenorientierte Maßnahmen mit dem Ziel, das Ergebnis kurzfristig zu verbessern.
> Diese Entscheidung hat zur Folge, daß der Stellenwert eines offensiven Marketings und damit die von mir wahrgenommenen Aufgaben stark reduziert werden. Die sich daraus ergebende neue Funktion entspricht nicht mehr meinen persönlichen Zielsetzungen.
> Gespräche mit der Geschäftsführung ergaben, daß eine meinen Vorstellungen entsprechende Position nicht verfügbar ist.

Beurteilung der „vermarktbaren" beruflichen Qualifikation

Um sich gezielt im Arbeitsmarkt „anbieten" zu können, bedarf es zunächst einer kritischen Selbsteinschätzung der Fähigkeiten, Kenntnisse, Erfahrungen, bisherigen Leistungen, persönlichen Wünschen und beruflichen Zielsetzungen.

In der Regel haben die Betroffenen in den verschiedenen bisher wahrgenommenen Aufgaben Leistungen erbracht und Ziele erreicht, die für sie selbst und das Unternehmen wichtige Ergebnisse gebracht haben. Fast allen sind jedoch diese Erfolge, die sie im Verlauf ihrer beruflichen Laufbahn erarbeitet haben, nicht bewußt, nicht aktuell gegenwärtig. Im allgemeinen sind nur wenige Beispiele von Erfolgen gegenwärtig, die die eigene Qualifikation und Karriere belegen und den Schluß zulassen, daß der Betreffende über ein Leistungspotential verfügt, das erwarten läßt, daß er auch zukünftig erfolgreiche Arbeit zu leisten imstande ist und das seine persönliche Zielsetzung realistisch erscheinen läßt.

Um dieses Defizit zu beheben, um sich der vermarktbaren Leistungspotentiale und der daraus ableitbaren, persönlichen Zielsetzung bewußt zu werden, bedarf es einer sorgfältigen und kritischen Selbsteinschätzung.

Hauptbestandteil der Selbsteinschätzung sind Analyse, Bewertung und Formulierung

- des beruflichen Werdegangs, der erzielten Leistungen und erreichten Ziele,
- der fachlichen Qualifikation, Fähigkeiten und Fachkenntnisse und
- der daraus ableitbaren neuen beruflichen Zielsetzung.

Für die Selbsteinschätzung des beruflichen Werdegangs, der erzielten Leistungen und erreichten Ziele wird eine Liste der bisherigen erfolgreichen Leistungen von den Anfängen der beruflichen Laufbahn bis zur Position, die der Betroffene zuletzt innehatte, erstellt.

Bei der Erstellung der Berufslaufbahnbilanz ist auf folgendes zu achten:

- Es sollen möglichst viele der bisherigen erfolgreichen Leistungen zusammengestellt werden.
- Es empfiehlt sich, systematisch vorzugehen, von der ersten Position bis zur jetzigen.
- Die gute Formulierung einer Leistung setzt sich aus zwei Aspekten zusammen:
  1. Was der Betroffene erreicht hat,
  2. welchen Nutzen das für sein Unternehmen bedeutete.
- Schwammige Wörter und Phrasen sind zu vermeiden.
- Man sollte sich nicht mit dem ersten Entwurf zufrieden geben. Der Betroffene sollte immer wieder neue Entwürfe seiner Leistungsbeschreibungen erstellen, bis sie eindeutig und überzeugend formuliert sind.

Schema zur Erarbeitung der Berufslaufbahnbilanz			
Bezeichnung der Positionen von der ersten Position bis zur derzeitigen Position	Tätigkeitsbeschreibung und Fortschritte in der Ausübung der Tätigkeit (Was habe ich gemacht, gelernt, erreicht?)	Ergebnisse und Leistungen, die erzielt wurden
1. 2. 3. usw. Beispiel: Technischer Leiter Kunststoffbranche mittelständiges Unternehmen	Gesamtleitung von zwei Werken mit 250 Mitarbeitern Einarbeitung in neue Verfahrens-Branchenbereiche Breite Erfahrung in der Personalführung gesammelt Betreuung von Tochtergesellschaften im europäischen Ausland	Technologischer und produktmäßiger Ausbau der europaweiten Marktführerschaft Aufbau einer neuen Produktlinie Aufbau und Betreuung eines Werkes in USA Steigerung der Produktivität und Qualität

Beispiele für Formulierungen der Leistungen

- Durch eine neue Produktkalkulation war es möglich, 20 Prozent der Produkte, die sich als unrentabel erwiesen hatten, zu streichen.
- Durch rechtzeitiges Aufdecken eines Problems sowohl auf der technischen als auch auf der Marketing-Seite bei einer geplanten neuen Produktlinie konnte ein Verlust in Höhe von ... DM vermieden werden.
- Ich organisierte und trainierte eine neue Vertriebsmannschaft auf einigen ausgewählten Gebieten, wodurch die Erlöse um 37 Prozent stiegen.
- Unter meiner Leitung entwickelte sich das Geschäftsvolumen des Bereiches XY in drei Jahren von circa 0,1 Mio. auf 15 Mio. DM/Jahr.
- Durch Forcierung der Marketing-/Vertriebsaktivitäten, die Weiterentwicklung der Personalqualität wurde der Umsatz für die Produkte XY um das dreieinhalbfache gesteigert bei überproportionaler Steigerung des Ertrages.
- Durch systematische Erarbeitung der Basisdaten, Einsatz von neuen Systemen sowie der Motivation der Mitarbeiter quer durch das Unternehmen gelang es, die Produktionsplanung zu einem wirkungsvollen Steuerungsinstrument für das ganze Unternehmen zu machen und einen erheblichen Beitrag zum Unternehmensergebnis zu erbringen.
- Unter meiner Leitung wurde die Produktion um rund 30 Prozent gesteigert bei gleichzeitiger Verbesserung der Qualität.
- Durch maschinellen Ausbau des Betriebes konnte der Fertigungsablauf rationalisiert und die Personalkosten entscheidend reduziert werden.
- Durch den Ausbau der gesamten Anlagen sowie Rationalisierungsmaßnahmen im Fertigungsablauf Steigerung der Jahresproduktion von 30000 t im Jahr 1972 auf 75000 t im Jahr 1980.
- Durch verstärkten Einsatz von NC-Maschinen und Einführung EDV-gestützter Konstruktion und Fertigungsplanung wurde erreicht, daß der gesamte Bereich zu wettbewerbsfähigen Kosten produziert.

- Unter meiner Leitung wurden wichtige Betriebsabläufe gestrafft und ein Prämienlohnsystem eingeführt, wodurch die Herstellungskosten um mehr als 80 Prozent gesenkt werden konnten.
- Die von mir erarbeiteten Leitlinien für Werbung und PR haben den Bekanntheitsgrad und das Image der Gruppe erhöht und werden heute noch angewandt.

Nach der Erstellung der Berufslaufbahnbilanz und der Auflistung der Leistungen, die erbracht wurden, ist es zweckmäßig, diese Liste noch einmal durchzugehen und die Fähigkeiten, Fachkenntnisse und Erfahrungen zu benennen, die zur Erzielung dieser Leistungen notwendig sind. Die Selbsteinschätzung der Fähigkeiten, Fachkenntnisse und Erfahrungen stellen die vermarktbaren beruflichen Schwerpunkte dar.

Bei der Formulierung der Fähigkeiten, Fachkenntnisse und Erfahrungen ist folgendes zu beachten:

- Wichtig sind Fachkenntisse, die für Unternehmen von Nutzen sind.
- Der Bewerber sollte seine Fähigkeiten möglichst exakt schildern. Vage oder zu allgemeine Schilderungen sind zu vermeiden.
- Das „Gefühl", die Fähigkeiten „für etwas" zu haben, ist keine überzeugende Aussage.
- Die Darstellungen sind in drei Bereiche zu gliedern:
  - Fachkenntnisse, die der Bewerber in Ausübung bestimmter Funktionen erworben hat, z. B. Fachkenntnisse des Vertriebsmanagements.
  - Fachkenntnisse, die durch spezifische Schulungen oder aus der beruflichen Erfahrung erworben wurden, z. B. Einsatz der Wertanalyse bei kritischen Produkten.
  - Fähigkeiten, die den unternehmerischen Prozeß durch Führungseinwirkung steigerten oder effektiver machten, z. B. kooperative Führung von Mitarbeitern.

Beispiele für berufliche Schwerpunkte

- Entwicklung von Marketingkonzeptionen und deren Durchsetzung am Markt.
- Realisierung von Plänen, Konzeptionen sowie Durchsetzung von Produkten im nationalen und internationalen Markt durch Einsatz zielgruppengerechter effizienter Marketinginstrumente.
- Rekrutieren, trainieren und führen von einzelnen Mitarbeitern, als auch Gruppen auf allen Ebenen des Unternehmens.
- Durchsetzen von Unternehmenszielen durch motivationale Kommunikation.
- Permanente Steigerung der Produktivität durch Verbesserung der Arbeitsmethodik, Abläufe und Organisationsstrukturen.
- Zielorientierte Führung und Koordination von Mitarbeitern und Teams, national und international, insbesondere durch organisatorische und motivationale Maßnahmen zur Steigerung von Qualität und Leistung.
- Aufbau, Ausbau und Leitung von Vertriebseinheiten für technische Produkte und Anlagen.
- Entwicklung von Strategien, Konzeptionen und Durchführung der Maßnahmen zum erfolgreichen Verkauf von Produkten und Anlagen.
- Akquisition, technische Projektierung, Projektabwicklung, Installation und Service.
- Einführung und Durchsetzung von Maßnahmen im administrativen, kaufmännischen und technischen Bereich zur Ergebnisverbesserung.
- Einsatz, permanente Qualifizierung und leistungsorientierte Führung von Mitarbeitern im Innen- und Außendienst durch persönliche mitarbeitergerechte Führungseinwirkung.
- Fundierte Kenntnisse auf den Gebieten Kunststoffe und Kunststoffverarbeitung.
- Management von Großprojekten.
- Spezialwissen in der Prozeßautomation bei der XY-Produktverarbeitung.

Für die Selbsteinschätzung sowie Formulierung der Leistungen und beruflichen Schwerpunkte muß viel Zeit und Sorgfalt aufgebracht werden. Nur dadurch wird
- eine realistische Beurteilung der beruflichen Qualifikation,
- eine überzeugende Darstellung und
- ein Vergleich des Qualifikationsprofils mit dem Anforderungsprofil einer zu besetzenden Position ermöglicht.

Definition der beruflichen Zielsetzung

Die Zielfindung für die zukünftige Position ist − trotz der beruflichen Krise durch den Verlust des Arbeitsplatzes − eine gute Chance, einen kritischen Rückblick und eine realistische Vorausschau in die berufliche Zukunft zu machen.

Rückblick

- Betrachtung der letzten zwei Positionen, der Hauptaufgaben und wichtigsten Tätigkeiten.
- Kritische Bilanz:
  - Welche Aufgaben, Tätigkeiten und Beziehungen brachten am meisten Spaß und Zufriedenheit,
  - welche Aufgaben, Tätigkeiten und Beziehungen waren unbefriedigend?
- Erforschung der Hintergründe, die zur Zufriedenheit oder zur Unzufriedenheit bei der Wahrnehmung der jeweiligen Aufgabe geführt hat.
- Ableitung der persönlichen Wunschziele für eine zukünftige Position und möglichst exakte Beschreibung derselben.

Vorausschau

- Überprüfung der im Rückblick festgestellten Fakten und Versuch, daraus abzuleiten, worauf bei der zukünftigen neuen Position besonders zu achten ist und wo die Grenzen der beruflichen Möglichkeiten zu ziehen sind.

Durch die Selbsteinschätzung der Berufslaufbahnbilanz, der Leistungen und Qualifikationen, der beruflichen Schwerpunkte sowie der kritischen Wertung der Positionen ist eine gute Basis für eine realistische berufliche Zielsetzung geschaffen.

Es sind jetzt Antworten auf folgende Fragen zu finden:

- Ist ein radikaler Wechsel der beruflichen Laufbaun möglich, gewünscht?
- Bietet die Selbständigkeit eine Chance?
- Welche Alternativen gibt es?
- Ist die Fortsetzung der Laufbahn in ähnlichen Positionen wie den bisherigen sinnvoll, erwünscht?

In dieser Phase der Zielfindung ist es wichtig, alle möglichen Zielrichtungen genau zu durchdenken und auf die Realisierbarkeit hin zu überprüfen. Sich bewußt mit den verschiedenen Möglichkeiten, Qualifikationen, Fähigkeiten und individuellen Wünschen auseinanderzusetzen, ist die Voraussetzung, um die persönliche Zielsetzung zu finden und in der zukünftigen Position Erfolg und Zufriedenheit zu haben.

Übung zur Zielfindung

Meine Berufslaufbahnbilanz zeigt, daß meine wesentlichen beruflichen Qualifikationen in _____

_____

_____

_____

_____ liegen.

In der Vergangenheit habe ich erfolgreiche Leistungen in ____

_____

_____

_____

_____ erbracht.

Am liebsten habe ich Aufgaben bearbeitet, die mit _____

_____

_____ zu tun hatten.

Die auffälligsten Leistungen in meiner bisherigen Tätigkeit waren _____

_____

_____

_____

_____

Ich strebe daher eine Aufgabe an, in der ich meine _____

in den Bereichen _____

und _____

_____

gestaltend einsetzen kann und in der ich _____

_____ übernehmen kann.

Bei der Formulierung der Zielsetzung ist folgendes zu beachten:
- Die angestrebte Aufgabe (nicht Position) ist möglichst präzise zu benennen.
- Es ist zu begründen, warum diese Aufgabe angestrebt wird, indem die beruflichen Qualifikationen, Kenntnisse, Fähigkeiten, Erfahrungen, die man für die gesuchte Aufgabe mitbringt, erläutert werden.
- Es sollte der Beitrag aufgezeigt werden, den man für das zukünftige Unternehmen erbringen könnte.

Beispiele für die Formulierung der Zielsetzung

- Aufgrund meiner Neigungen und meines bisherigen Werdegangs suche ich eine Führungsposition im Vertriebsbereich für konsumnahe Verbrauchsgüter.
  Dies sollte auf dem Niveau eines Geschäftsführers Vertrieb in einem kleineren bis mittleren Unternehmen sein oder als nationaler Vertriebs-/Verkaufsleiter eines größeren Unternehmens.
  Die Position sollte Linienfunktion mit direkter Umsatz- und Ergebnisverantwortung haben. Sie sollte die Managementfunktionen Planung, Organisation, Führung und Kontrolle aller Vertriebsaktivitäten beinhalten. Ich suche eine Dauerstellung, mit der ich mich voll identifizieren kann, d.h. Unternehmen, Produkt und Markt müssen in einem Konzept aufeinander abgestimmt sein. Das Unternehmen darf gerne noch in der Aufbauphase sein.
- Ich suche eine Aufgabe mit Leitungsfunktion im kaufmännischen Bereich, in die ich meine Kenntnisse und Erfahrungen aus der klassischen Revisions- und Controller-spezifischen Tätigkeit für die unterschiedlichsten Funktionsbereiche als Beitrag zum wirtschaftlichen Erfolg eines Unternehmens einbringen kann.
- Ich suche eine anspruchsvolle Aufgabe mit Gesamtverantwortung im Personalwesen. Dabei ist für mich wesentlich, daß neben administrativen und organisatorischen Aufgaben vor allem die gesamten Instrumente einer zeitgemäßen Perso-

nalarbeit eingebracht und effektiv im Sinne des Beitrags zum Unternehmensergebnis umgesetzt werden können.
- Ich suche eine Aufgabe mit Gesamtverantwortung im Bereich Technik in Unternehmen mit der Verbindung zu Kunststoff, in der ich meine fundierten Kenntnisse und Erfahrungen aus Entwicklung, Produktion und Vertrieb innovativ und unternehmerisch umsetzen kann.
- Basierend auf meinen Kenntnissen und Erfahrungen aus über 20jähriger Tätigkeit mit Umsatz- und Ergebnisverantwortung im Vertrieb technisch anspruchsvoller Produkte und Anlagen – von der Projektierung über die Projektausführung und Installation bis zum Service – suche ich eine Aufgabe mit unternehmerischer Teil-/Gesamtverantwortung.
- Ich suche eine Aufgabe im Bereich Finanzdienstleistungen, in der ich meine fundierte praxiserprobte Erfahrung aus der Gesamtverantwortung für das vielfältige Geschäft einer Filiale (Generalist im Bankgeschäft) und/oder meine Spezialkenntnisse und Erfahrungen aus den Bereichen Akquisition und Kundenberatung, Außenhandel, Kreditwesen und Öffentlichkeitsarbeit sinnvoll einsetzen kann.

Entwicklung einer „Marketing- und Such-Strategie"

Wer sich nach längerer Zeit wieder einmal bewerben muß, hat naturgemäß gewisse Probleme. Sich zu „vermarkten", sich im Markt bekannt machen zu müssen, löst gelegentlich emotional Blockaden aus, gelegentlich bereiten sachliche Fragen des richtigen Vorgehens Schwierigkeiten.

Der Arbeitsmarkt für Führungskräfte ist mit Produktmärkten vergleichbar. Der „Markt"-Erfolg von Bewerbungsaktivitäten beruht auf dem Wechselspiel zwischen dem Leistungsangebot des Bewerbers auf der einen Seite und der möglichen Nachfrage des Unternehmens als potentiellem Arbeitgeber auf der anderen Seite. Der Bewerber sucht nach einer seiner beruflichen Zielsetzung entsprechenden Position und bringt dafür seine individuelle berufliche Qualifikation ein. Die Unternehmen wiederum suchen qualifizierte Mitarbeiter, die möglichst genau auf ein bestimmtes Anforderungsprofil passen.

Die erfolgreiche Vermarktung des eigenen Leistungsangebotes − die erfolgreiche Bewerbung − setzt entsprechende Vorbereitung und planvolle Maßnahmen zur Erreichung des Zieles voraus. Sie setzt aber auch die innere Bereitschaft zu einer aktiven „Vorwärts-Strategie" voraus. So zu tun, als ob man mal nach einer beruflichen Alternative zur jetzigen Position Ausschau hält, bremst die eigenen Aktivitäten und wirkt im Markt meistens nicht sehr glaubwürdig.

Die Klärung nachfolgender Fragen durch den Stellensuchenden ist für den Erfolg der Marketing- und Such-Aktivitäten entscheidend.

Fragen als Schlüssel zum Erfolg im Markt

- Was will ich erreichen?
- Welche Prioritäten setze ich?
- Wie begründe ich meine Bewerbung, meine Veränderungsabsicht und gegebenenfalls die zwingende Notwendigkeit zur Veränderung?
- Welche Unternehmen bilden meine Zielgruppe?
- Welche Suchtechniken setze ich ein?
- Wie präsentiere ich mich und mein Leistungsangebot überzeugend?

Die Möglichkeiten, wie der Stellensuchende und das Unternehmen miteinander in Kontakt kommen können, sind vielfältig. Aus den grundsätzlichen Möglichkeiten müssen entsprechend der individuellen Situation und Zielsetzung die jeweils passenden ausgewählt werden, wobei es durchaus sinnvoll und üblich ist, mehrere Wege gleichzeitig zu verfolgen.

Grundsätzliche Such-Aktivitäten
• Direkte Kontaktaufnahme mit Personen aus dem privaten und beruflichen Kontaktnetz. • Schriftliche Kontaktaufnahme durch aktives Anschreiben verschiedener Zielgruppen, wie u. a. auf die Zielsetzung passende Unternehmen, Persönlichkeiten aus der Wirtschaft, Personalberater, Verbände, Institute usw. • Reaktion auf veröffentlichte Stellenangebote durch Kontaktaufnahme mit dem Unternehmen bzw. dem beauftragten Personalberater. Die Kontaktaufnahme kann durch den persönlichen Kontakt oder ein Anschreiben erfolgen. • Veröffentlichung einer eigenen Stellengesuch-Anzeige in geeigneten Medien (z. B. überregionale, regionale Tageszeitungen, Fachzeitschriften ...). • Nachfrage nach der Vermittlung möglicher Stellen durch die verschiedenen Einrichtungen der Bundesanstalt für Arbeit.

Nach der Klärung der grundsätzlichen Vorgehensweise müssen die geplanten Aktivitäten sorgfältig vorbereitet werden. Zur Vorbereitung gehören in erster Linie die Erstellung von aussagefähigen Unterlagen und die Vorbereitung auf Kontaktgespräche und Interviews.

Erstellung aussagefähiger Unterlagen und Vorbereitung auf Kontaktgespräche und Interviews

In der Beratungspraxis hat sich immer wieder gezeigt, daß der Erfolg sehr wesentlich von der Vorbereitung der Suchaktivitäten, der Erstellung aussagefähiger Unterlagen und der Gesprächsvorbereitung abhängt.

Es muß ausdrücklich davor gewarnt werden, mit den Aktivitäten im Markt zu beginnen, bevor eine entsprechende Vorbereitung erfolgt ist.

Zur Vorbereitung gehören u. a.:

• Die Ausarbeitung einer Selbstdarstellung als chronologischer oder funktionaler Lebenslauf.

- Die Entwicklung eines Gesprächsgerüstes für die Kontaktnetzarbeit.
- Die Entwicklung von Briefgerüsten und Argumentationsbausteinen für die verschiedensten schriftlichen Kontaktmaßnahmen.
- Das Texten und Gestalten einer Stellengesuchanzeige.
- Das Anlegen einer Kontaktadressenkartei.
- Die Auflistung in Frage kommender Zielfirmen.
- Die Suche nach Chancen im Arbeitsmarkt durch systematische Auswertung der einschlägigen Wirtschaftspresse.
- Die Vorbereitung auf die Vorstellungsgespräche.

Nachfolgend sind einige grundsätzliche Hinweise und Übersichten zur professionellen Vorbereitung aufgeführt. Es ist jedoch darauf zu achten, daß die jeweilige individuelle Charakteristik berücksichtigt wird, daß die Gestaltung der Unterlagen immer die „persönliche Handschrift" des Bewerbers trägt.

Der Lebenslauf

Der Lebenslauf als Selbstdarstellung der Berufspersönlichkeit, des beruflichen Werdegangs und des Leistungsangebotes ist ein wichtiges Instrument, um sich zu vermarkten, um zu einem Interview zu kommen. Der Lebenslauf ist die Visitenkarte des Bewerbers, seine Werbebroschüre. Entsprechend der Bedeutung, die der Lebenslauf für die erfolgreiche Bewerbung hat, sollte er sehr sorgfältig vorbereitet und stets bei den Suchaktivitäten verwendet werden.

Für die Darstellung haben sich im wesentlichen zwei Arten bewährt:

- der chronologische Lebenslauf,
- der funktionale Lebenslauf.

Beim chronologischen Lebenslauf sind zwei Formen gebräuchlich:

– Bei der *deutschen Form* werden zunächst die persönlichen Daten, die Ausbildung, Fortbildung usw. erwähnt und dann die beruflichen Stationen, Funktionen und Leistungen, in der zeitlichen Reihenfolge, in der sie durchlaufen wurden, dargestellt.
– Bei der *angelsächsischen Form* wird die zuletzt ausgeübte Tätigkeit als erste angeführt und dann werden in rückwärtiger zeitlicher Rei-

henfolge sämtliche berufliche Tätigkeiten und Leistungen geschildert. Ausbildung und persönliche Daten stehen bei dieser Form am Schluß.

Der funktionale Lebenslauf enthält im ersten Teil alle wichtigen beruflichen Leistungen, geordnet nach bestimmten Funktionen sowie beruflichen Schwerpunkten und im zweiten Teil die beruflichen Stationen, geordnet nach der zeitlichen Reihenfolge.

Egal, für welche Form des Lebenslaufes man sich entscheidet: Die in der Selbsteinschätzung ermittelten Leistungen und beruflichen Schwerpunkte sowie grundsätzliche Daten zur Person müssen transparent dargestellt werden.

Folgende Kriterien sollte der Lebenslauf erfüllen:

- Fakten- und ergebnis-orientierte Gestaltung: Was waren meine Leistungen? Woran sind diese zu messen? Wo und in welchen Positionen wurden diese Ergebnisse erbracht?
- Schwerpunktbildende Darstellung der beruflichen Aspekte
- Prägnante und vollständige Darstellung
- Ansprechende Gestaltung, gute Gliederung, exakte Formulierung, leichte Lesbarkeit
- Empfänger-orientierte Darstellung

Wesentliche Inhalte eines Lebenslaufes sind:

- *Persönliche Daten*
  Vor- und Zunamen, Anschrift, Telefon, Geburtsdatum/-ort, Familienstand, Staatsangehörigkeit
- *Ausbildung*
  Grund- und weiterführende Schulen, Abschluß
  Lehre und Fachschule, Abschluß
  Universitätsstudium mit Studienrichtung, Abschluß
- *Fortbildung*
  Studienaufenthalte, insbesondere im Ausland
  Berufsbegleitende firmeninterne und firmenexterne Aus- und Weiterbildung, gegebenenfalls besondere Qualifikation mit Abschluß anführen
- *Sprachen*
  Nennung der Sprachkenntnisse
  Bewertung kann nach drei Kategorien erfolgen:

fließend, Schulkenntnisse, Grundkenntnisse, evtl. unterteilt nach Wort und Schrift
- *Mitgliedschaften*
  Nur solche Mitgliedschaften anführen, die die berufliche Qualifikation unterstreichen und/oder für die angestrebte Position förderlich sind.
- *Berufliche Schwerpunkte*
  Die wesentlichen beruflichen Qualifikationen aus den einzelnen Funktionen, die wahrgenommen werden, auflisten.
- *Berufliche Zielsetzung*
  Die Aufgaben, die in der Zukunft angestrebt werden, eindeutig benennen und den Beitrag/Nutzen für das zukünftige Unternehmen herausstellen.
- *Berufliche Stationen, Erfahrungen und Leistungen*
  Lehre, Praktikantentätigkeit, Berufstätigkeit
  Folgende Auflistung hat sich bewährt:
  - Firma, Ort, Informationen zur Firma
    Wie groß ist die Firma, und welcher Branche gehört sie an?
  - Positionsbezeichnung und Schwerpunktaufgaben
    Was waren die Hauptaufgaben in dieser Position?
    Kurze, knappe Gesamtübersicht mit den wichtigsten Inhalten und Zielen der Hauptaufgabe.
    Anschließend zusätzliche Aufgaben mit sechs bis acht Stichworten auflisten.
    Die Auflistung eventuell mit Spezialaufgaben, Sondereinsätzen ergänzen.
  - Bewertung der Tätigkeit:
    Was wurde erfolgreich durchgeführt? Welche Leistungen wurden erbracht, welche Erfahrung gesammelt?
    Die Leistung als qualitative und/oder quantitative Aussage auflisten.

Auf den Seiten 78 ff. sind Vorschläge für den Aufbau von Lebensläufen aufgeführt.

Chronologischer Lebenslauf (deutsche Form)

Persönliche Daten
Name/Anschrift/
Telefon   ....
Geburtsdatum/-ort   ....
Familienstand   ....

Ausbildung
Datum   Schule/Lehre/Universität
                              Abschluß

... − ...   .
... − ...   .

Fortbildung
                              ....
                              ....

Sprachen
                              ....
                              ....

Mitgliedschaften
                              ....
                              ....

Berufliche Zielsetzung

                              ....

Berufliche Stationen und Erfahrungen
(Reihenfolge von erster bis derzeitiger Station)
Datum   Firmenbezeichnung und Ort
                              ● Positionsbezeichnung
                                 − Tätigkeitsschwerpunkte
                                 − Erbrachte Leistungen

... − ...   .
... − ...   .

Chronologischer Lebenslauf
(angelsächsische Form)

Berufliche Zielsetzung

....
....

Berufliche Stationen und Erfahrungen
(Reihenfolge von derzeitiger bis zur ersten Station)

Datum   Firmenbezeichnung und Ort
                             ● Positionsbezeichnung
                                 – Tätigkeitsschwerpunkte
                                 – Erbrachte Leistungen

... – ...   .
... – ...   .

Ausbildung

... – ...   .
... – ...   .

Fortbildung

... – ...   .
... – ...   .

Sprachen

....
....

Mitgliedschaften

....
....

Persönliche Daten

....
....

Funktionaler Lebenslauf

Name
Anschrift
Telefon

*Zusammenfassung der beruflichen
Erfahrung und Funktionsschwerpunkte*

....
....
....

*Berufliche Kenntnisse,
Fähigkeiten und Leistungen*

....
....
....

Berufliche Stationen

Datum	Firma, Ort
	● Positionsbezeichnung
... – ...	....
... – ...	....
... – ...	....

Ausbildung, Fortbildung, Sprachen

....
....
....

Persönliche Daten

....
....
....

Die Entwicklung eines Gesprächsgerüstes für die Kontaktnetzarbeit

Das Kontaktnetz ist eine der wichtigsten Quellen, die bei der Suche nach einer neuen Position genutzt werden sollte. Eine wichtige Voraussetzung jedoch ist, daß eine sorgfältige Auswahl der anzusprechenden Personen getroffen wird und daß die Kontaktpersonen durch eine richtige Ansprache zur Auskunft und Hilfe motiviert werden.

Die Zielsetzung der Kontaktnetzarbeit – der Kontaktaufnahme mit Personen aus dem privaten und beruflichen Umfeld – dient der Erkundung des Marktes und der Möglichkeiten, stellt eine Art persönlicher Marktforschung dar. Wichtig sind Informationen über den Markt, über Möglichkeiten, zu Personen, Institutionen, Firmen.

Bei den Kontaktgesprächen ist zu beachten, daß der angesprochene Gesprächspartner niemals gefragt wird, ob er eine Position zu besetzen hat. In aller Regel hat er keine Position zu besetzen. Das Nein wird dann zwangsläufig das Ende des Kontaktgespräches bedeuten.

Sicherlich ist eine gewisse Hemmschwelle zu überwinden, wenn man in eigener Angelegenheit Gespräche führen muß. Diese Hemmung wird um so schneller verschwinden, je besser man vorbereitet ist. Hierzu gehört die Ausarbeitung eines Gesprächsleitfadens, dieser kann stichwortartig oder „ausgefeilt" sein:

Gesprächseröffnung

- Wir kennen uns von ...
- Ich wende mich heute in einer persönlichen Angelegenheit an Sie
- Ich habe gehört (weiß), daß Sie viel Erfahrung haben in ... und spreche Sie deshalb (heute) in einer persönlichen Angelegenheit an
- Ein gemeinsamer Bekannter (Freund) hat mir empfohlen, Sie in ... anzusprechen

Darlegung des eigenen Anliegens

- Kurz die Situation schildern, sich dabei an der Veränderungsbegründung orientieren. Sich möglichst genau an die ausgearbeitete Fassung halten. Kurz und präzise bleiben. Anschließend die berufliche Zielsetzung und die geplanten Aktivitäten zu deren Realisation erläutern. Je rascher man die Vergangenheit verläßt und auf die

Zukunft zu sprechen kommt, um so mehr bindet man den Gesprächspartner in die Vorwärtsstrategie ein, motiviert ihn, sich für einen zu engagieren.
- Information erbitten über ...
- Fragen, welche Chancen, Möglichkeiten der Gesprächspartner sieht.

Spontanreaktion des Gesprächspartners abwarten

- Aktiv zuhören.
- Den Gesprächspartner verstärken.
- Danken für die Information usw.

Kurze Diskussion mit dem Gesprächspartner über die getauschten Informationen, Hinweise, das weitere Vorgehen

- Gemeinsam mit dem Gesprächspartner seine Hinweise mit der eigenen Zielsetzung abwägen.
- Mit ihm das weitere Vorgehen und gegebenenfalls seine Mitwirkung dabei absprechen.

Gesprächsschluß

- Sich bedanken für die Hinweise, Informationen, seine Hilfe und die eventuell zugesagte konkrete Unterstützung.
- Dem Gesprächspartner zusichern, daß man ihn – wenn gewünscht – von Zeit zu Zeit über den Verlauf und Erfolg der Aktivitäten, die man besprochen hat, auf dem laufenden halten wird.

Die Entwicklung von Briefgerüsten mit Textbausteinen für die verschiedenen schriftlichen Kontaktmaßnahmen

Der persönliche Brief ist ein wichtiger Bestandteil jeder Kontaktaufnahme. Gleichgültig, ob der Brief ein Bewerbungsschreiben auf eine ausgeschriebene Position oder ein aktives Anschreiben an eine Persönlichkeit, ein Unternehmen, einen Berater ist, der Stellensuchende sollte versuchen, Interesse an seinem Leistungsangebot und seiner Person zu wecken.

In dem Brief sollte dargestellt werden, warum er sich verändern will, was ihn an der ausgeschriebenen Position, der Firma interessiert, warum er gerade an diesen Empfänger schreibt, welches Leistungsangebot er bietet und welche berufliche Zielsetzung er verfolgt. Es sind gegebenenfalls Erläuterungen zu dem Berufsweg, den Kenntnissen, Erfahrungen, dem Arbeits- und Führungsstil zu geben.

Struktur des „Anschreibens"

- Empfänger-gerechte Eröffnung.
  Sich in die Situation des Empfängers versetzen. Auf seine Situation, Anforderungen eingehen und aus seiner Sicht begründen, warum man ihn kontaktiert.
- Darlegung des Anliegens.
  Aufzeigen, welche Fähigkeiten, Kenntnisse, Leistungen (berufliche Qualifikation) man bietet und welchen Nutzen man für den Empfänger bringen könnte. Die derzeitige Situation (Veränderungsbegründung) und die persönliche Zielsetzung schildern.
- Zusatzinformation für Empfänger.
  Dem Empfänger interessante Details aus dem Qualifikationsprofil erläutern oder auf den beigefügten Lebenslauf hinweisen, aus dem der Empfänger weitere Informationen zur Person, der beruflichen Entwicklung und der beruflichen Qualifikation entnehmen kann.
- Sachlogische Schlußfolgerung aus den Ausführungen.
  Die eigene Zielsetzung und die berufliche Qualifikation in Relation setzen zu den Möglichkeiten, die man aus der Sicht des Empfängers sieht. Diese Ausführungen mit der Frage verknüpften, ob der Empfänger eventuell diese Vorstellung teilt.
- Abschluß.
  Betonen, daß man gerne in einem persönlichen Gespräch weitere Informationen geben und Fragen beantworten würde, bzw. daß man an seiner Meinung interessiert ist.

Tips für das Anschreiben

- Nach Möglichkeit immer an eine Person schreiben.
  Name, Titel, Funktion korrekt schreiben.
- Einen aktuellen, interessanten persönlichen Aufhänger benutzen.
- Neugierde und Interesse am eigenen Leistungsangebot wecken, jedoch sachlich bleiben und „gag-hafte" Formulierungen unterlassen.
- Den Brief strukturieren und richtiges, klares, verständliches Deutsch schreiben.
- Auf die Form des Briefes achten.

Auf den folgenden Seiten sind Formulierungsbeispiele für Textbausteine zur schriftlichen Kontaktaufnahme aufgeführt.

Einstieg – Eröffnung

- Wie ich Pressemitteilungen entnommen habe, denkt Ihr Unternehmen an den Aufbau eines Zweigwerkes in ... Für die Durchführung dieser komplexen Aufgabe sind umfassende Erfahrung im Projektmanagement und hohe Flexibilität in der Koordination von Einzelaktivitäten erforderlich. In diesem Zusammenhang werden Mitarbeiter gebraucht, die sowohl technischen Sachverstand als auch Erfahrungen zu Aspekten der Wirtschaftlichkeit einbringen.
- Sollten Sie zur Zeit einen Manager suchen, der umfangreiche Erfahrungen im Export/Verkauf in internationalen Märkten hat, so wird Sie beigefügter Lebenslauf sicher interessieren.
- Ihr Unternehmen ist mir durch seine technisch hochwertigen Produkte gut bekannt. Sicher werden Sie sich vom Markt her zukünftig u. a. besonders zwei Forderungen gegenübergestellt sehen: zum einen, technische Innovation zu betreiben, und andererseits, die kaufmännische Leistungsfähigkeit zu steigern, um damit die Bedeutung Ihres Unternehmens in der Zukunft weiter auszubauen.
  Für diese Aufgabe benötigen Sie versierte und erfahrene Mitarbeiter, die in der Lage sind, sowohl bereichsübergreifend als auch im Detail diese Anforderungen zu erfüllen und dabei auch das notwendige technische Verständnis einzubringen.
- Sollten Sie zur Verstärkung Ihrer Aktivitäten im Vertrieb einen Techniker mit langjähriger Erfahrung aus umsatz- und ergebnisverantwortlicher Tätigkeit suchen, so wird Sie meine beigefügte Selbstdarstellung sicherlich interessieren.
- Im Rahmen meiner beruflichen Neuorientierung verfolge ich seit einiger Zeit den Stellenmarkt. Dabei ist mir Ihr Unternehmen des öfteren mit Anzeigen, in denen Sie qualifizierte Führungskräfte für den technischen Bereich suchen, aufgefallen. Sollten Sie zur Zeit für ein Unternehmen, das Sie beraten, eine technische Führungskraft suchen, so glaube ich, daß Ihnen

die beigefügten Unterlagen einen ersten Eindruck über meine Qualifikation vermitteln.
- Sollten Sie zur Zeit einen Auftrag für einen Kunden abwickeln, bei dem Sie einen qualifizierten Mitarbeiter aus dem Bereich ... suchen, so wird Sie die beigefügte Darstellung meiner beruflichen Entwicklung vielleicht interessieren.
- In Ihrer Anzeige vom ... in ...-Zeitung suchen Sie einen Exportmanager für ...
Die Aufgaben, einen solchen Markt von der Analyse über den Aufbau einer Verkaufsorganisation bis hin zur Ergebnisverantwortung eigenverantwortlich zu managen, haben mich sehr angesprochen. Gerade solche Managementaufgaben gehörten immer wieder zu meiner Verantwortung während der 10jährigen Tätigkeit bei ... Insbesondere nahm ich folgende Aufgaben wahr:
  - ....
- Besten Dank für Ihre Zuschrift auf meine Stellengesuchanzeige im ... Zur weiteren Information sende ich Ihnen Unterlagen, die Ihnen einen ersten Eindruck über mich sowie meine berufliche Entwicklung und Qualifikation vermitteln.
- Wie ich Ihnen bereits bei unserem Telefonat am ... sagte, interessiert mich die von Ihnen angebotene Aufgabe als Bereichsleiter Technik sehr. Zum einen aufgrund der unternehmerischen Dimension und zum anderen wegen der hohen Übereinstimmung mit meiner fachlichen Qualifikation.

Mittelteil

- Wie Sie aus meinen Unterlagen ersehen können, bin ich seit ... bei ... und habe im Laufe meiner Zugehörigkeit immer größere unternehmerische Verantwortung übertragen bekommen. Die von mir geleiteten Bereiche habe ich jeweils zu einem ertragsstarken Geschäftszweig entwickelt und dabei für wechselnde Geschäftsführungen erfolgreich gearbeitet.
Im Laufe der Zusammenarbeit mit meinem derzeitigen Geschäftsführer zeigten sich grundlegende unterschiedliche Auffassungen bezüglich der Führung meines Verantwortungsbereiches. Gespräche hierüber ergaben, daß offensicht-

lich kein kooperatives Grundverständnis herbeizuführen ist und somit eine Basis für eine erfolgreiche Fortsetzung meiner Arbeit bei ... nicht gegeben ist. Aus diesem Grunde wurde von mir eine Lösung des Arbeitsverhältnisses mit ... herbeigeführt.

- Da der Bereich für ... Maschinen von der ... übernommen wurde und teilweise eine andere Organisationsstruktur hat, ist meine Position in der ursprünglichen Form entfallen.
  Eine adäquate andere Aufgabe steht zur Zeit bei ... nicht zur Verfügung.
  Aus diesem Grunde suche ich eine neue Aufgabe im Export/Verkaufs-Management, bei der ich meine umfangreichen Erfahrungen im Verkauf in internationalen Märkten einsetzen kann.
  Weitere Details zu meiner Person, beruflichen Entwicklung und Erfahrung wollen Sie bitte beigefügten Unterlagen entnehmen.

- Aufbauend auf meinen bisherigen Kenntnissen und Erfahrungen strebe ich eine verantwortungsvolle Aufgabe an, bei der neben dem operativen Part ein weiterer Schwerpunkt auf der unternehmerischen, strategischen Seite liegt und meine breit gefächerten Technologiekenntnisse zum Tragen kommen. Meine hierzu notwendige Qualifikation konnte ich bereits in leitender Position durch Praxiserfolge untermauern.

- Mit den Praxiserfahrungen aus leitenden Positionen in ... Unternehmen und meinen Technologiekenntnissen der ...-Verarbeitung, ein Sektor der Verfahrenstechnik, entspreche ich weitgehend dem von Ihnen skizzierten Anforderungsprofil. Sowohl von der Größe des Unternehmens als auch von der Komplexität der hier angesprochenen Verfahrenstechnik sehe ich eine hohe Übereinstimmung mit meiner Qualifikation.

- Wie Sie aus meinen Unterlagen ersehen können, habe ich auf den oben angesprochenen Gebieten bei der Lösung von produkt- und anwendungsorientierten Problemen sowie der Vermarktung erfolgreich gearbeitet.

Aufgrund von Marktgegebenheiten wird die von mir betreute Produktlinie eingestellt. Aus diesem Grunde suche ich eine neue Aufgabe, in der ich meine Kenntnisse und Erfahrungen bei der Erarbeitung und Realisierung technisch/kommerziell vorteilhafter Lösungen einbringen kann.

- Wie Sie den beigefügten Unterlagen entnehmen können, besitze ich neben einer breiten kaufmännischen Gesamterfahrung besondere Kenntnisse und Erfahrungen in folgenden Bereichen:
    - Analyse und Kommentierung betriebswirtschaftlicher Daten
    - Budgetierung, Planungsrechnung, Finanzdisposition
    - Betreuung von Beteiligungen im In- und Ausland
    - Rechnungslegung und Berichtswesen im Konzern
    - Individuelle Datenverarbeitung

Im Zusammenhang mit einer Strukturanpassung im Konzern sind auch im Zentralbereich ... wesentliche Aufgaben neu gegliedert worden. Dadurch entfallen Aufgaben, die für mich eine qualifizierte Beschäftigung darstellen.
Ich habe daher einer einvernehmlichen Trennung zugestimmt und suche nun eine Aufgabe, in der ich meine breite Erfahrung sinnvoll einsetzen kann.

Abschluß

- Wenn Sie mich für eine zu besetzende Position in den Kreis der Kandidaten einbeziehen können, so stehe ich Ihnen gerne für ein vertiefendes Gespräch zur Verfügung.
- Sollten meine Unterlagen Sie von meiner beruflichen Qualifikation überzeugen, so stehe ich Ihnen gerne zu einem ersten orientierenden Gespräch zur Verfügung. Ihrer Nachricht sehe ich mit Interesse entgegen.
- Gerne würde ich mit Ihnen in einem persönlichen Gespräch klären, inwieweit meine Qualifikation bei der Bewältigung der oben angesprochenen Vorhaben Ihres Unternehmens von Nutzen sein kann.

Texten und Gestalten von Stellengesuchen

Das Stellengesuch ist ein gutes zusätzliches Mittel, seine Chancen für die berufliche Neuorientierung zu erhöhen. Die Suchanzeige muß jedoch transparent machen, daß sich der zukünftige Einsatz des „Anbieters" für ein bestimmtes Unternehmen lohnen könnte.

Bei einem Stellengesuch ist auf

- eine ausgewogene Selbstdarstellung,
- eine zielgruppengerechte Ansprache,
- eine treffende Formulierung des Leistungsangebotes sowie
- eine eindeutige berufliche Zielsetzung

zu achten.

Bevor der Stellensuchende an die Ausarbeitung des Textes geht, sollte er aus seiner Berufslaufbahnbilanz, den erstellten beruflichen Schwerpunkten und aus seiner Zielsetzung die Informationen heraussuchen, die die anzusprechende Zielgruppe am meisten interessieren dürfte. Beim Texten ist auf eine anschauliche und verständliche Sprache zu achten. Kurze Sätze und Konzentration auf das Wesentliche sind zu empfehlen. Die Anzeige sollte eine Struktur aufweisen, die in sich schlüssig ist und einen Spannungsbogen zwischen Anfang und Ende erzeugt.

Bei der Gestaltung der Anzeige ist daran zu denken, daß ein klein und eng beschriebener Text nicht lesefreundlich ist, daß eine bestimmte Anzeigengröße die Bedeutung der Position signalisiert und Absätze, Zwischenüberschriften und Hervorhebungen einen aufmerksamkeitssteigernden Signalcharakter haben.

Nicht zuletzt ist die Auswahl des Werbeträgers von Bedeutung. Welchen Werbeträger man wählt, Tageszeitungen (regional, überregional), Wochenzeitungen oder Fachzeitungen hängt unter anderem von der Art der Position ab, die man sucht, von der Zielgruppe, die man erreichen will, der Auflage, Verbreitung, Reichweite und Leserschaft des Werbeträgers und von den jeweiligen Anzeigenpreisen.

Gestaltung einer Suchanzeige

Headline des Angebotes

- „Welchen Nutzen biete ich?"
  Eine aufmerksamkeitswirksame Überschrift formulieren, die den Gesamtnutzen, den man für eine Zielgruppe bietet, darstellt.

Daten zur Person

- „Wer bin ich?"
  Kurz und präzise mit Daten und Fakten informieren, die die Fragen zur Persönlichkeit beantworten (Alter, Familienstand, Ausbildungsabschluß, derzeitige Funktion, Berufserfahrung in Jahren).

Kurzdarstellung des Leistungsangebotes

- „Was biete ich?"
  In übersichtlicher Zuordnung die wesentlichen beruflichen Schwerpunkte, beruflichen und persönlichen Qualifikationen aufzeigen.

Nennung der beruflichen Zielsetzung

- „Was strebe ich an?"
  Präzise die Aufgabe, die den Vorstellungen der zukünftigen Tätigkeit entspricht, bezeichnen.

Kontaktaufnahme

- Wenn es Gründe gibt, die eine „verdeckte" Anzeige erfordern, ist „Chiffre" angezeigt.
  Ansonsten sollte man sich offen darstellen; die Angabe von Adresse oder Telefonnummer erleichert die Kontaktaufnahme.

Praxiserfahrung und aktuelles Know-how für die Entwicklung von DV-Systemen

Kfm., DV-Fachmann, 46 J., verh., in ungekündigter Position, mit fundierten Kenntnissen und langjähriger Erfahrung in der

Entwicklung benutzerorientierter DV-Systeme für kaufm. Bereiche, von der Systemanalyse über Organisationsprogrammierung bis zur Implementierung mit unterschiedlichsten Systemkonfigurationen

analytisch denkend, pragmatisch handelnd, kooperativ und kommunikativ, überzeugend und entscheidungsfreudig, lernbereit und kreativ, sucht

eigenverantwortliche Aufgabe im Bereich Systementwicklung.

Kontaktaufnahme erbeten unter

Sicherung der Wirtschaftlichkeit durch effektives Controlling

Dipl.-Kfm., 50 J., verh., umfangreiche Praxiserfahrung aus verantwortlichen Tätigkeiten im Finanz- und Rechnungswesen, Controlling, Revision und Verwaltung nationaler und internationaler Unternehmen, insbesondere in
- Erstellung von Wirtschaftlichkeitsanalysen und Rentabilitätsrechnungen
- Budgetierung, Planung, Finanzdisposition
- Finanzwirtschaftliche Betreuung von Beteiligungen im In- und Ausland
- Berichterstattung nach deutschen und angloamerikanischen Erfordernissen
- PC- und Großrechner-Anwendungen
- Steuern, Versicherungen und allgem. Verwaltung

Englisch perfekt und Französisch fließend, sucht

leitende Aufgabe im kaufmännischen Bereich

Kontaktaufnahme erbeten unter

Technologie- und Praxis-Know-how
Kunststoffverarbeitung

Dr.- Ing. Kunststoffverarb., Dipl.-Ing. Elektrotechnik, 47 J., verh., mit fundierten Kenntnissen und Erfahrung aus langjähriger Teil- und Gesamtverantwortung für

- Produkt- und Verfahrensentwicklung
- Produktion, techn. Dienste, Prozeßautomation
- Projekt- und techn. Produktmanagement
- anwendungstechn. Beratung und Vertrieb

interdisziplinär und international arbeitend, unternehmerisch denkend und handelnd, kooperativ und überzeugend, sucht Aufgabe mit

Gesamtverantwortung TECHNIK

in einem Unternehmen mit starker Kunststoff-Komponente.

Kontaktaufnahme erbeten unter

Vertriebsmanagement technisch anspruchsvoller Produkte

Ing. Elektrotechnik, 49 J., verh., mehr als 20 J. erfolgreiche Leitung von Vertriebsbereichen für Systeme und Komponenten zur Automatisierung mit fundierten Kenntnissen und Erfahrungen:

- Auf-, Ausbau und Leitung von Vertriebseinheiten
- Entwicklung von Strategien, Konzeptionen und deren Umsetzung im Markt
- Entwicklung von kundenspezifischen technischen Lösungen
- Vertriebssteuerung und -controlling
- Leistungsorientiert. Führung von Innen- und Außendienst

kommunikativ und verhandlungssicher, leistungs- und ergebnisorientiert, kooperativ und führungsstark, sucht

Aufgabe mit Gesamtverantwortung im Vertrieb

Kontaktaufnahme erbeten unter

Kundenorientierter Generalist im Bankgeschäft

Bank-Kfm., 43 J., verh., in ungekündigter Position, mehr als 25 Jahre Berufserfahrung, z. Zt. als Filialleiter einer renommierten Großbank für das Gesamtgeschäft verantwortlich

Praxiserprobte Erfahrungsschwerpunkte

- Akquisition
- Vermögensberatung
- Finanzierungen
- Außenhandel
- Baufinanzierung
- Konsumentenkredite

sucht im Großraum eine

anspruchsvolle Aufgabe in einem Kreditinstitut oder Finanzdienstleistungsunternehmen

Kontaktaufnahme erbeten unter

Produktivität im Fertigungsbereich

Maschinenbau-Techniker, 49 J., verh., mehr als 20 J. Erfahrung aus leitenden Tätigkeiten in der Produktion

- von der Durchführung von Planungs- und Koordinationsaufgaben für Werke und Projekte, über die
- Mitwirkung bei fertigungsgerechter Produktgestaltung, bis zur
- Entwicklung und Anwendung moderner Fertigungstechnologien, Arbeitsmethoden und -abläufe zur Erzielung von Rationalisierungseffekten und Sicherung der Produktqualität.

Leistungsbereit, verantwortungsbewußt und überzeugend bei der motivationalen Führung der Mitarbeiter und der Umsetzung von Zielen, sucht

Aufgabe mit Leitungsfunktion im Produktionsbereich

Kontaktaufnahme erbeten unter

Zeitgemäße Personalarbeit

Personalleiter, 47 J., verh., mit langjähriger Verantwortung als Leiter Personal- und Sozialwesen, vertraut mit dem gesamten Spektrum moderner, praxisgerechter Personalarbeit,

von der Personalpolitik über Personalplanung, -beschaffung, -betreuung, -beurteilung und -entwicklung, tarif- und arbeitsrechtliche Fragen bis zum Umgang mit Management, Mitarbeitern, Betriebsrat und Öffentlichkeit,

pragmatisch denkend und handelnd, kooperativ und durchsetzungsfähig, kosten- und ergebnisorientiert, sucht Aufgabe als

Personalleiter

Kontaktaufnahme erbeten unter

Steuerung von Unternehmen durch Effizienz im kaufmännischen Bereich

Dr. rer. pol., Dipl.-Volksw., 46 J., verh., mit fundierter Erfahrung aus eigenverantwortlichen und leitenden Tätigkeiten in Wirtschaftsprüfung und Industrieunternehmen, insbesondere:

- Finanz- und Kostenmanagement
- Controlling von Konzern-, Beteiligungs- und Tochtergesellschaften im In- und Ausland
- Wirtschaftlichkeitsrechnungen für Investitionen und Rationalisierungen
- Verbesserung von Struktur- und Ablauforganisation

analytisch, engagiert, ergebnis- und zielorientiert, sucht Aufgabe als

kaufmännischer Geschäftsführer

Kontaktaufnahme erbeten unter

Das Anlegen einer Kontaktadressenkartei

Um im Rahmen der Marketingaktionen entsprechende „personenbezogene" Kontakt-Suchaktivitäten durchführen zu können, ist es wichtig, eine Namenskartei mit den Erst- und Folgekontakten anzulegen. Am besten beginnt man damit, Namen von Bekannten aus dem privaten und beruflichen Umfeld aufzulisten. Dies können Familienmitglieder, ehemalige Schulfreunde, Studienkollegen, Professoren, Rechtsanwälte, Wirtschaftsprüfer, Werbeberater, Versicherungsvertreter, Banker, Berufskollegen, ehemalige Vorgesetzte, Lieferanten, Kunden sein. Die Durchsicht von gesammelten Visitenkarten hilft dem Gedächtnis erstaunlich oft auf die Sprünge. Die Personen, die auf Anhieb einfallen, sind die primären Kontakte. Der Stellensuchende sollte diesen Personen bekannt sein. Diese Gruppe stellt die erste Zielgruppe im Rahmen der sogenannten Kontaktnetzarbeit dar. Diese Kontaktpersonen geben ihm Informationen, sind Teil seines Kommunikationssystems und ebnen oft den Weg zu Entscheidungsträgern in von ihm präferierten Zielfirmen. Die Verfolgung dieser Hinweise eröffnet sehr häufig Chancen und Positionen in dem sogenannten „latenten Arbeitsmarkt". Um die Kontaktnetzarbeit gezielt und über längere Zeit systematisch durchführen zu können, ist es zwingend, ein Kartei- oder ein anderes System anzulegen. Es sollten alle wichtigen Informationen zur Person, den Gesprächen, zu Telefonaten, Briefen, Nachfaßaktionen, weiterführenden Aktionen und Hinweisen festgehalten werden. Ohne diese Gedächtnisstütze verliert man sehr schnell den Überblick und verpaßt möglicherweise gute Chancen. Eine solche Übersicht sollte über die gesamte Suchaktion fortgeführt werden.

Bei der Ermittlung der Zielfirmen ist es wichtig, diese zunächst als Wunschfirma zu definieren. In welcher Branche, bei welchem Unternehmenstyp (Klein-, Mittel-, Großbetrieb) ergibt sich die beste Chance? Welche Unternehmen haben auf dem Sektor, den ich als Leistungsangebot biete, eventuell Nachholbedarf? Welche Anforderungen stelle ich an mein zukünftiges Unternehmen?

Nachdem die Wunschfirma definiert ist, kann man die Zielfirmenliste zusammenstellen. Dabei ist sorgfältig und laufend der gesamte Arbeitsmarkt zu verfolgen. Auch Möglichkeiten, die scheinbar außerhalb des engeren Zielfeldes liegen, sind zu beachten. Alle für die jeweilige Branche relevanten Fachzeitschriften, aktuellen wöchentlichen, monatlichen Wirtschaftszeitschriften, -zeitungen, Magazine, Nachrichtendienste und Firmenberichte sollten ausgewertet werden, um Informationen über Firmen und wichtige Personen zu sammeln. Nützlich sind auch Jahresberichte, firmeneigene Publikationen, Produktinformationen der Zielfirmen. Oft wird man durch ein Telefonat fündig. Bei der Identifikation der Zielfirmen sollte man auch entsprechende Handbücher, Verzeichnisse, Spezialveröffentlichungen zu Rate ziehen.

Das Ergebnis der Recherche der Zielfirmen sollte sein:

- Firmen zu identifizieren, bei denen man berechtigte Hinweise hat, daß das eigene Leistungsangebot optimal genutzt werden könnte.
- Erstellung einer konkreten Zielfirmenliste.
- Informationen zum Unternehmen und zu Persönlichkeiten zu bekommen, um Ansätze für die optimale Kontaktaufnahme und Präsentation zu erhalten.
- Bei der Kontaktaufnahme, dem Telefonat, dem aktiven Anschreiben, eventuell dem späteren Interview ein informierter Gesprächspartner zu sein, gegebenfalls auch die richtigen Fragen stellen zu können.
- Die Sicherheit zu haben, daß die ausgewählte Firma die richtige ist.

Die Vorbereitung auf das Vorstellungsgespräch

Das Vorstellungsgespräch, das Interview, ist das wichtigste Bindeglied zwischen dem Stellensuchenden und dem zukünftigen Arbeitgeber. Gleichzeitig ist es aber auch eine wesentliche Hürde, die es zu bewältigen gilt. Als Ausleseinstrument ist das Vorstellungsgespräch immer noch das gebräuchlichste. Es soll den Entscheidungsträgern im Unternehmen sowie den direkten Vorgesetzten des potentiellen zukünftigen Mitarbeiters einen umfassenden Überblick über dessen Gesamtpersönlichkeit und berufliche Qualifikation liefern.

Wer gute Vorbereitungsarbeit geleistet hat, ist für das Interview gut gerüstet und in der Lage, das Vorstellungsgespräch inhaltlich glatt und sicher zu meistern. Wer sich darüber hinaus noch mit den nachfolgend aufgeführten Anregungen und Hinweisen beschäftigt und danach handelt, hilft nicht nur dem Interviewer, die Qualifikation zu erkennen, sondern „verkauft" auch gleichzeitig sich und sein Leistungsangebot effektiv.

Leitlinien für ein Vorstellungsgespräch

- Sich schon vor dem Interview über das Unternehmen, die Branche, die Produkte informieren. Man stellt damit unter Beweis, daß man eine Aufgabe gründlich angeht. Nicht zögern, während des Interviews Fragen über das Unternehmen und die Position zu stellen. Dadurch eröffnet sich die Möglichkeit, die bisherige Erfahrung und Leistungen in Relation/Einklang mit den Anforderungen der neuen Aufgabe zu bringen.
- Sich natürlich verhalten und versuchen, eine ungezwungene Gesprächsatmosphäre zu erzeugen. Der Interviewer ist kein Feind, auch wenn er gelegentlich unangenehme Fragen stellt. Sich seinem Gesprächsstil „anpassen", dem „Gegenüber" die Gesprächsführung überlassen, ihn nicht unterbrechen, ihn ausreden lassen.
- Den Gesprächspartner nicht während des gesamten Gespräches mit der Selbstdarstellung überschütten; ihn durch aufmerksames Zuhören überzeugen.
- Im Interview klar die Gründe für die Veränderungsabsicht oder -notwendigkeit erläutern. Offen sagen, weshalb man früher den Arbeitsplatz gewechselt hat.
- Die eigene berufliche Zielsetzung erläutern und warum man glaubt, daß diese Ziele mit der Funktion, für die man sich „bewirbt", übereinstimmen.
- Darauf achten, daß man eine Frage gut verstanden hat. Nur diese Frage beantworten.
- Auf Fragen rasch und präzise antworten. Nicht vom Thema abschweifen.

Das Vorstellungsgespräch als Überzeugungsprozeß

Für den Ablauf eines Vorstellungsgespräches gibt es keine feststehende Struktur. Es lassen sich jedoch gewisse Regelmäßigkeiten beobachten, die aus der Systematik von Kommunikationsprozessen, die das Ziel haben, eine überzeugende Entscheidung herbeizuführen, bekannt sind.

Dieser Prozeß ist im nachfolgenden Stufenschema als Übersicht dargestellt.

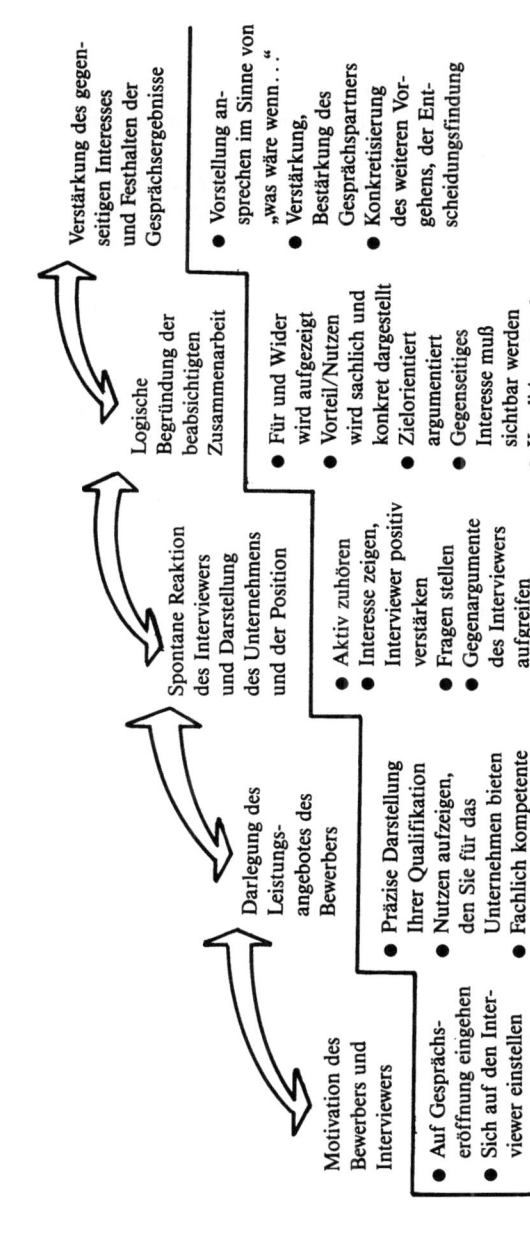

Abbildung 9: Das Vorstellungsgespräch als Überzeugungsprozeß

Selbstdarstellung

Oft wird ein Interview mit der Bitte um eine kurze Selbstdarstellung des Bewerbers eröffnet. Die Frage „Erzählen Sie uns etwas von sich!" birgt zugleich Gefahr und Chance in sich. Die Gegenfrage „Was wollen Sie wissen?" oder „Soll ich Ihnen meinen Lebenslauf schildern?" ist zwar sachlogisch, verwirrt jedoch den Interviewer meistens. Der Interviewer möchte mit dieser Frage die Situation auflockern, dem Stellensuchenden die Möglichkeit geben, sich darzustellen, etwas von seiner Person „preiszugeben". Die Ausführungen sollten kurz und präzise sein und drei Minuten nicht übersteigen.

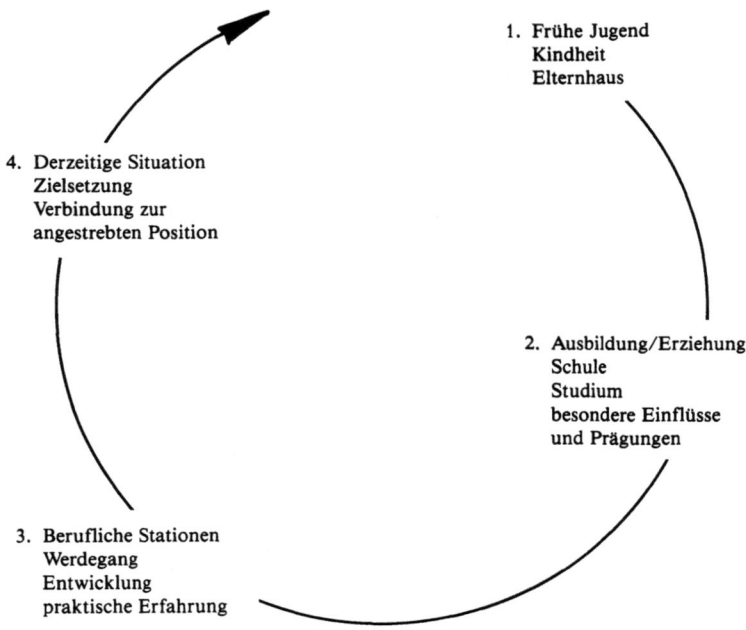

Abbildung 10: Kurze Selbstdarstellung

Fragen des Interviewers und Antworten

Für das Interview muß man sich auf eine Fülle von direkten und teilweise auch sehr persönlichen Fragen vorbereiten. Die gute Beantwortung von Fragen steigert die Aussicht, in die Endrunde zu gelangen. Erfahrungsgemäß werden immer wieder bestimmte Fragen gestellt, für die man Antworten vorbereiten kann. Es ist verständlich, daß es gewisse Abweichungen vom nachfolgendem Frage- und Antwortkatalog aufgrund der individuellen Biographie, der jeweiligen Persönlichkeit des Interviewers und der Besonderheit des Interviews gibt.

Die Vorbereitung auf denkbare Fragen verschafft dem Stellensuchenden Sicherheit für sein Interview.

Fragen im Interview und mögliche Antworten

- Warum sollten wir gerade Sie einstellen?
  In der Antwort sollte der Bewerber auf seine eigenen Fähigkeiten, Qualifikationen und seinen Leistungswillen hinweisen. Er sollte Selbstvertrauen zeigen, auch auf seine Zeugnisse verweisen und erläutern, daß seiner Meinung nach sein Qualifikationsprofil mit dem Anforderungsprofil der zu besetzenden Position gut übereinstimmt.

- Was interessiert Sie an dieser Position? Was weniger?
  Der Bewerber sollte drei oder vier Gründe nennen, die aus seiner Sicht für die Aufgabe sprechen. Begriffe, wie Entwicklungsmöglichkeiten, Zukunftschancen, der Ruf des Unternehmens etc. sind angebracht. Es empfiehlt sich, ehrlich zu antworten und auch einen weniger attraktiven Gesichtspunkt zu nennen.

- Warum wollen Sie für unser Unternehmen arbeiten?
  Ausführen, daß nach den zugänglichen Informationen das Unternehmen in Bereichen tätig ist, in denen der Stellensuchende gerne mitarbeiten möchte. Betonen, daß die Entwicklung, der Ruf, der Führungsstil, die Unternehmensstrategie usw. beeindrucken. Versuchen, wenn möglich, die eigene berufliche Entwicklung und die Ideen in Relation zu Ent-

wicklungen des Unternehmens zu setzen. Schmeicheleien vermeiden.

- Warum wollen Sie sich verändern?
  Glaubwürdig und widerspruchsfrei antworten. Wahr, klar und prägnant über die derzeitige Situation und die berufliche Zielsetzung informieren. Sich an den Text der ausgearbeiteten Veränderungsbegründung und der beruflichen Zielsetzung halten. Selbstanklagen vermeiden; abfällige Bemerkungen über den bisherigen Vorgesetzten, das Unternehmen, die Branche etc. unterlassen. Sogenannte Insider-Informationen nutzen wenig.

- Haben Sie schon Mitarbeiter eingestellt oder entlassen?
  Mit dieser Frage will man in erster Linie die Einstellung zu Aufgaben der Personalführung ermitteln. Der Stellensuchende sollte darstellen, daß er diese Aufgabe nicht leicht nimmt, insbesondere Kündigungen nicht. Erläutern, daß man den Eindruck hat, diese Aufgabe bisher zur Zufriedenheit aller Beteiligten – dem Unternehmen und den Mitarbeitern – bewältigt zu haben.

- Warum haben Sie so häufig gewechselt?
  Ohne Umschweife erklären, welche Gründe es für den Wechsel gegeben hat. Eine jeweilige Veränderungsbegründung vorbereiten. Verlegenheitsversuche zur Selbstrechtfertigung vermeiden. Grundsätzlich zu den Veränderungen stehen und erläutern, welchen Nutzen man daraus gezogen hat. Jedoch auch aufzeigen, daß man bestrebt ist, eine dauerhafte Bindung einzugehen.

- Wie lange wollen Sie bei unserem Unternehmen bleiben?
  Ausführen, daß man an einem langfristigen Engagement interessiert und der Meinung ist, daß man so lange gerne mitarbeiten will, wie dies für beide erfolgreich sei.

- Warum sind Sie schon längere Zeit arbeitslos?
  Eine nachvollziehbare Begründung geben. Aufzeigen, daß man sich aktiv um eine neue Position bemüht hat, das Passende aber noch nicht gefunden hat. Nicht versuchen, sich

mit Formulierungen wie „schöpferische Pause", „grundsätzlichem Nachdenken über die weitere Tätigkeit" herauszureden.

- Würden Sie gerne die Aufgaben Ihres Vorgesetzten übernehmen?
Ruhig mit Selbstsicherheit zeigen, daß man an einer Karriere interessiert ist; jedoch auch betonen, daß man gerne Aufgaben übernimmt, die im Bereich der eigenen Möglichkeiten liegen, die einen fordern und zur Leistung zwingen.

- Haben Sie mit Ihrer Leistung schon konkret zu Erfolgen im Unternehmen beigetragen?
Aus der Berufslaufbahnbilanz Leistungen anführen, die leicht nachvollziehbar sind. In einer kurzen Darstellung quantitative und qualitative Fakten nennen. Dabei auf Geheimhaltungsvorschriften achten, zu denen man eventuell verpflichtet ist.

- Welchen Führungsstil bevorzugen Sie?
Darstellen, daß man mitarbeiterbedürfnis-gerecht und leistungsziel-orientiert führt. Erläutern, daß man den kooperativen Führungsstil präferiert, daß man aber akzeptiert, daß von der Führungskraft auch die Bereitschaft zur Konfliktträchtigkeit gefordert wird.

- Was glauben Sie, wird in unserer Branche, bei unseren Produkten, in unserem Unternehmen in Zukunft auf uns zukommen?
Der Stellensuchende sollte über die wichtigsten Strömungen und Veränderungen Ausführungen machen können. Er sollte sich an neuen technologischen Trends, an politischen, ökonomischen Rahmenbedingungen oder spezifischen Fragestellung der Produkte, der Branche allgemein oder der bestimmten Struktur und Größe des Unternehmens orientieren.

- Worin sehen Sie die Hauptaufgabe einer Führungskraft?
Ausführen, daß man der Meinung ist, daß die wichtigste Aufgabe der Führungskraft ist, Mitarbeiter erfolgreich zu machen, sie so zu motivieren, daß man selbst leistungs- und ergebnis-orientiert die vereinbarten Ziele zügig erreicht.

Weitere Fragen, auf die sich ein Bewerber vorbereiten sollte, sind:
- Sind Sie gesund?
- Wären Sie bereit, für unser Unternehmen auch woanders zu arbeiten?
- Verlieren Sie leicht die Beherrschung, und wenn ja, unter welchen Voraussetzungen?
- Worin bestanden Ihre bisher größten Erfolge?
- Welche langfristige berufliche Zielsetzung haben Sie?
- Was haben Sie für Gehaltsvorstellungen?
- Warum verdienen Sie nicht mehr?
- Worauf legen Sie im Beruf besonderen Wert?
- Wieviel Zeit, glauben Sie, brauchen Sie zur Einarbeitung?
- Welche besonderen Erfahrungen bringen Sie für die zu besetzende Position mit?
- Weiß Ihr derzeitiger Arbeitgeber, daß Sie sich bewerben?
- Welche Erfahrung haben Sie in der Mitarbeiterführung?
- Für wie viele Mitarbeiter waren Sie bisher verantwortlich?
- Wie begründen Sie Ihren Erfolg?
- Sehen Sie Unterschiede zwischen Ihrer bisherigen Tätigkeit und den Aufgaben, über die wir sprechen?
- Können Sie uns Referenzpersonen benennen?
- Was hatten Sie sich von Ihrer jetzigen Position versprochen?
- Worin sehen Sie Ihre größten Stärken bzw. Schwächen?

Fragen des Bewerbers an den Interviewer

Die Aufforderung des Interviewers, an ihn Fragen zu stellen, leitet in eine wichtige Phase des Vorstellungsgespräches über. Die Reaktion und die Art der Fragen, die der Bewerber stellt, zeigen, wie groß das Interesse an der Aufgabe, dem Unternehmen und einem möglichen Wechsel wirklich ist.

Bei den Fragen sollte man Einfühlungsvermögen zeigen. Es macht einen guten Eindruck, wenn man sich auf Punkte und Informationen bezieht, die im Vorstellungsgespräch bereits angesprochen worden waren oder die man in der Vorbereitung auf das Gespräch aus den zugänglichen Informationen abgeleitet hat.

Fragen an das Unternehmen beim Interview

- Könnten Sie bitte die Position etwas eingehender beschreiben? Welche Hauptaufgaben und Verantwortungen beinhaltet die Aufgabe? Gibt es eine Funktionsbeschreibung?
- Können Sie etwas zu den kurz- und mittelfristigen Unternehmenszielen sagen?
- Welchen Beitrag erwarten Sie von mir hierzu?
- Können Sie die Kollegen beschreiben, mit denen ich zusammenarbeiten würde? War einer von ihnen für diese Position im Gespräch? Wenn ja, warum wird die Position jetzt doch von außerhalb besetzt?
- Welche Entwicklungsmöglichkeiten habe ich, vorausgesetzt, ich bin in dieser Position erfolgreich?
- Welches sind im Rahmen der allgemeinen Aufgabenstellung die Ziele, die ich Ihrer Meinung nach innerhalb des ersten Jahres vorrangig erreichen sollte?
- Könnten Sie ein Organigramm aufzeichnen, das zeigt, an welcher Stelle die Position eingegliedert ist?
- An wen würde ich berichten?
- Wer hat die Position zur Zeit inne?
- Könnte ich den derzeitigen/letzten Positionsinhaber treffen?
- Können Sie mir etwas über die Mitarbeiter sagen, die in dieser Funktion an mich berichten würden?
- Warum ist keiner von ihnen für diese Position ausgewählt worden? Wissen diese Mitarbeiter, daß das Unternehmen einen Manager von außerhalb holt?
- Unterstützt das Unternehmen Mitarbeiter bei ihrer beruflichen Weiterentwicklung und werden hierfür finanzielle Mittel bereitgestellt?
- Welche Maßnahmen der Personalentwicklung gibt es im Unternehmen?
- Werden vakante Führungspositionen in der Regel durch Beförderung besetzt?
- Wie ist die Marktentwicklung für die wichtigsten Produkte Ihres Unternehmens?
- War das Unternehmen in den letzten Jahren bei der Neueinführung von Produkten erfolgreich?

Individual-Training zur Optimierung der Präsentationsfähigkeit

Führungskräfte, die über längere Zeit in dem gleichen Unternehmen tätig waren, haben oft nur noch durch ihre fachliche Qualifikation überzeugt. Sie haben oftmals die Fähigkeit zu einer überzeugenden Selbstdarstellung verloren oder besondere Verhaltensweisen „eingeübt", die auf ein bestimmtes soziales Umfeld und die bestimmte Unternehmenssituation abgestimmt waren.

Die Einsicht in eigenes Kommunikationsverhalten im Sinne der Erkenntnis der Ursache für ein bestimmtes persönliches Verhalten sowie das Trainung bestimmter Kommunikationstechniken ist ein wichtiger Bestandteil der Vorbereitung für die erfolgreiche Wahrnehmung der gebotenen Chancen im Markt.

Wesentliche Inhalte des individuellen Kommunikationstrainings sind:

- Aufbau und Ablauf des Vorstellungsgespräches als Konflikt- und Überzeugungsprozeß
- Einstellung zum Rollenkonflikt Vorstellungsgespräch
- Einstellung zu sich selbst als Bewerber
- Verhalten dem Interviewer gegenüber
- Interviewer-Typologie
- Persönlicher Kommunikationsstil
- Training des Kommunikationsverhaltens

Die Durchführung entsprechender Aktionen und aktionsbegleitende Beratung

Die bis zum Beginn der Aktionen durchlaufenen Beratungsstufen hatten das Ziel, bei dem Betroffenen eine Akzeptanz seiner Situation herbeizuführen, eine positive Grundstimmung aufzubauen und ihn auf seine Aktivitäten im Markt vorzubereiten.

Jetzt kommt es darauf an, den Betroffenen bei der Positionssuche sowohl sachbezogen zu beraten und administrativ zu unterstützen als auch motivational zu betreuen.

Die motivationale Betreuung

Es ist leicht nachvollziehbar, daß es bei der sich oft über mehrere Monate erstreckenden Suche nach einer neuen Position zu Stimmungsschwankungen kommt. Das Wechselbad der Gefühle reicht von Hoffnung nach einem erfolgversprechenden Interview bis hin zur Existenzangst nach einer Absage.

In dieser Phase werden hohe Anforderungen an die Eigenmotivation und das Durchhaltevermögen gestellt. Deshalb ist es besonders wichtig, daß der Betroffene nicht alleingelassen wird. Der Berater muß fast jederzeit für ein Gespräch mit dem Betroffenen zur Verfügung stehen. Darüber hinaus muß er von sich aus auf den Positionssuchenden einwirken, ihn stärken.

Sachbezogene Beratung und administrative Unterstützung

Nachdem die Vorbereitungsphase abgeschlossen ist, beginnt die aktive Suche im Markt.

Entsprechend der individuell festgelegten Marketing- und Such-Strategie ist jetzt die systematische Marktbearbeitung vorzunehmen. Der Berater begleitet diese Aktion durch situationsspezifische Beratung.

Schwerpunkte der aktionsbegleitenden sachbezogenen Beratung sind:

- Abstimmung, Festlegung und Terminierung der für bestimmte Zeitintervalle geplanten Aktionen, wie
  - Kontaktnetzarbeit
  - Bewerten von Stellenanzeigen und entsprechende Reaktion
  - Individuelle schriftliche oder mündliche Ansprache der ausgewählten, festgelegten Zielgruppen
  - Schalten von Stellengesuchanzeigen
- Analyse von Bewerbungsreaktionen und gegebenenfalls Ableitung und Initiierung notwendiger Maßnahmen
- Bewertung von Angeboten und Vertragseckwerten sowie Festlegung einer jeweiligen individuellen Verhandlungsstrategie
- Bereitstellen von Schreib- und Sekretariatsservice, evtl. Büroraum
- Unterstützung bei der Einarbeitung in die neue Position

3.5 Gruppen-Outplacement-Beratung

Die wesentlichen Inhalte und Beratungsstufen der Individual-Outplacement-Beratung lassen sich auch bei der Beratung der beruflichen Neuorientierung von Gruppen einsetzen.

Die Unterschiede zwischen individueller und Gruppenberatung leiten sich aus der verschiedenartigen Interessen- und Konfliktlage von Führungskräften und Nicht-Führungskräften ab. Während die Trennung von Führungskräften meistens ein vielschichtiges Ursachenmuster zwischen in der Person liegenden und unternehmensrelevanten Faktoren hat, ist die Freisetzung größerer Gruppen, der sogenannte Personalabbau, meistens ausschließlich „sachlich" begründet. Hier spielen häufig äußere Faktoren, wie Fusionen, Teilstillegungen, Umstrukturierungen oder kostenwirtschaftliche Überlegungen eine Rolle. Diese unterschiedlichen Ursachen müssen auch in der Beratung Berücksichtigung finden.

Bei der individuellen Outplacement-Beratung muß sich der Berater zunächst in erster Linie um die Aufarbeitung/Auflösung massiver Konfliktfelder bemühen, um bei der betroffenen Führungskraft die Basis für eine ganzheitliche, emotional-rationale Bewältigung der Konflikte zu schaffen.

Bei der Gruppenberatung steht der sachliche Aspekt mehr im Vordergrund. Auch hier gibt es natürlich die persönliche Betroffenheit, die Zukunftsangst und Konfliktfelder nach innen und außen.

In der Gruppenberatung spielt die Aufbereitung dieser emotionalen Aspekte über „gruppendynamische" Prozesse sicher auch eine Rolle. Im Vordergrund stehen aber sicherlich eher folgende Probleme und Fragen:

- Wie finde ich einen neuen Arbeitsplatz?
- Welche Chancen habe ich?
- Wie schreibe ich einen Lebenslauf, einen Bewerbungsbrief?
- Wie verhalte ich mich in einem Vorstellungsgespräch?

Die Beantwortung dieser Fragen bestimmen die Inhalte und das Programm der als Workshop über vier Tage stattfindenden Gruppenberatung.

Das Ziel eines solchen Workshops ist die Entwicklung und Ausarbeitung einer aussichtsreichen und auf das individuelle Profil jedes einzelnen Teilnehmers abgestimmte Bewerbungsstrategie, inklusive der Vorbereitung auf das Interview durch entsprechendes Training.

Der Workshop baut auf der Erkenntnis auf, daß persönliche Unsicherheit und Zukunftsangst am ehesten durch systematische und planvolle Selbstreflektion aller vorhandenen Fähigkeiten, Fertigkeiten und der bisher erworbenen Erfahrungen begegnet werden kann.

Entsprechend strukturiert ist der erste Tag. Nach einer kurzen Einführung wird die persönliche Erwartung der Teilnehmer geklärt, gleichzeitig wird Mythos und Realität des Arbeitsmarktes im Hinblick auf die eigenen konkreten Möglichkeiten kritisch abgeschätzt. Das Erarbeiten eines Stärke-Schwäche-Profils und die Definition der beruflichen Zielsetzung gehen damit einher. Wichtig für das Selbstwertgefühl der Teilnehmer ist natürlich auch die Hilfestellung des Beraters beim Formulieren der Begründung für die Freisetzung. Im Mittelpunkt des zweiten und des dritten Tages stehen:

- Ausarbeitung der notwendigen Bewerbungsunterlagen
- Aufzeigen der individuellen „Vermarktungsmöglichkeiten"

Am letzten Tag wird die Nachbereitung und Kooridinierung aller geplanter Aktivitäten festgelegt, und jeder einzelne Teilnehmer individuell, auf seine konkreten Probleme bezogen, beraten.

*Ein Baum ist nur dann fest und widerstandsfähig,
wenn er oft vom Winde zerzaust wird;
denn dann wurzelt er immer tiefer und
steht immer unerschütterlicher da.*

Seneca

4. Wer: Durchführung von Outplacement

Dana Schuppert

4.1 Outplacement-Berater als Problemlöser

Die wesentlichen Strukturen und Fundamente der Wirtschaft verändern sich auf irreversible Weise. Das gilt sowohl global als auch national, für Branchen wie Unternehmen.

Zunehmende Unsicherheit hinsichtlich der Parameter wirtschaftlichen und verantwortlichen Verhaltens und Handelns prägen die Gegenwart, aber noch mehr die Zukunft. Gesellschaft und Wirtschaft haben sich immer schneller neuen Situationen anzupassen. Fragen, die sich das Management eines jeden Unternehmens stellt – welche Strategie soll mit welchen Mitteln und Instrumenten verfolgt werden –, werden immer komplexer, dafür immer weniger quantifizierbar. Organisationen werden immer stärker prozeßorientiert, pluralistischer, flacher.

Die Beachtung dieser Tatsache zwingt die Denker der Wirtschaft, die Strategen und die für die Unternehmensentwicklung Verantwortlichen zum Umdenken. Die Besinnung auf die Erkenntnisse der Biologie und Physik drängen sich hier auf. Die Fähigkeit, sich einer stetig wandelnden Welt anzupassen, ist nicht nur eine Voraussetzung für den Erfolg, sondern für das Überleben schlechthin. Eine Spezies kann nur dann überleben, wenn ihre Lerngeschwindigkeit gleich oder größer ist als die Veränderungsgeschwindigkeit ihrer Umwelt.

Der Blick einerseits für die Ganzheit von Prozessen, aber andererseits auch für ihre „Teilhaftigkeit" gewinnt angesichts der anstrebenden Herausforderungen an Bedeutung.

E. Laszlo schreibt am Ende seines bemerkenswerten Buches „Evolution – Die neue Synthese" (S. 215):

„Unser Zeitalter ist erregend, vielleicht das Erregendste in der Geschichte. Wir leben heute genau in jenem Moment, in dem wir gleichzeitig jene Prozesse erkennen, die der Entwicklung unserer Gesellschaft zugrunde liegen, und jene Technologie zu beherrschen beginnen, die bestimmt, wie diese Entwicklung vor sich geht. Wir leben an der Nahtstelle von Wissen und Macht und – so wollen wir hoffen – auch der Weisheit."

Das Unternehmen in seinem Überlebenskampf hat die Wahl zwischen verschiedenen Wegen: Verharren, Ignorieren von Veränderungsbedarf oder Antizipieren von Perspektiven und Chancen, aktives gestalterisches Sich-Verändern.

Das „Management of Change" ist angesagt. Management als dauerhafter Prozeß der systematischen Analyse der betrieblichen Risiken durch dezentrale Führungs-, Informations- und Kommunikationsstrukturen ist die Voraussetzung.

Waren bisher die Investitionen in technische Innovation zur Verbesserung der Marktposition, zur Marktsicherung vorherrschend, so tritt heute gleichberechtigt die soziale Innovation, die soziale Kompetenz des Unternehmens hinzu. Das „Fähigkeitspotential" einer Wirtschaft, eines Unternehmens ist Grundlage jedes wirtschaftlichen, sozialen und kulturellen Fortschritts. Eben dieses „Fähigkeitskapital" zu entwickeln und zu fördern ist zweifelsohne eine der zentralen Aufgaben des Managements und somit aller Führungsverantwortlichen im Unternehmen.

All dies setzt aber eine Veränderung der Erkenntnisstrukturen voraus, die Führungskräfte in ihrem Handeln entscheidend beeinflussen. Weg von statischen Weltbildern, die auf Stabilität, Steuerungsfähigkeit und Beherrschbarkeit, Kontrolle beruhen, hin zum schöpferischen Gestalten einer instabilen Balance.

Diesen Veränderungen muß jenseits der strategischen Planung von einer zeitgemäßen Personalpolitik Rechnung getragen werden. Jede Unternehmensstrategie zieht unweigerlich eine Personalplanung im Sinne von „Fähigkeitsplanung" als einer qualitativen Planung nach sich. Diese ist zwangsläufig von Lebenszyklusphase zu Lebenszyklusphase verschieden. Im Lichte dieser Erkenntnis muß Trennung/Freisetzung von Führungskräften − aber auch von anderen Mitarbeitern − eine neue Perspektive bekommen.

Veränderungen sind in zunehmendem Maße angesagt, aber natürlich nicht nur für die Unternehmen, sondern auch für die Mitarbeiter dieser Unternehmen.

Begleiter beim Trennungsprozeß und Helfer bei der Gestaltung einer beruflichen Zukunft ist die Outplacement-Beratung. Diese vom Arbeitgeber veranlaßte und finanzierte betriebsexterne Beratung entdramatisiert die Trennung und bietet Starthilfe. Die Gründe für Trennungen sind verschieden: Fusionen und Übernahmen, Management- und Standortwechsel, Umstrukturierungen etc. Welche Gründe auch immer im Einzelfall ausschlaggebend sind, Outplacement ist in fast allen Fällen in der Lage, nicht nur einen Bruch in der Karriere zu verhindern, sondern sie oft erfolgreicher als bisher fortzusetzen. Der Outplacement-Berater unterstützt den Betroffenen professionell im Gespräch, in der Vorbereitung und Durchführung der einzelnen Phasen der Vermarktung der eigenen Person am Arbeitsmarkt und nicht zuletzt auch mit technischen Mitteln, wie dem Schreiben von persönlichen Unterlagen und Kontaktbriefen.

4.2 Anforderungen an einen modernen Unternehmensberater

Der Trend zur Differenzierung und Spezialisierung, ausgelöst durch die Informationsexplosion, hat in den letzten Jahren zu einem Boom der verschiedensten Beratungsformen geführt. Im folgenden soll versucht werden, einen möglichst vollständigen Überblick über die Anforderungen an die moderne Unternehmensberatung zu entwerfen. Anschließend soll in Anlehnung an dieses Bild auf die speziellen Qualifikationen und Fähigkeiten des Outplacement-Beraters eingegangen werden.

Manfred Bruhn von der European Business School, einer der wenigen Hochschullehrer, die sich mit den Entwicklungen in der Unternehmensberatung beschäftigen, hat folgende relevanten Veränderungen bezüglich der Anforderungen an Consulting-Unternehmen dargestellt:

- **Im ökonomischen Umfeld** wird das gesamtwirtschaftliche Wachstum auch weiterhin stagnieren, das disponible Einkommen der Privathaushalte wird insgesamt geringfügig steigen, und die Arbeitslosigkeit bleibt auf einem hohen Niveau, bei einer Dauerarbeitslosigkeit bestimmter Bevölkerungsgruppen.
- Das **sozio-demographische Umfeld** zeigt für die Bundesrepublik eine konstante Wohnbevölkerung in den nächsten Jahrzehnten; erst ab dem Jahr 2030 ist mit einem stärkeren Rückgang zu rechnen.
- Im **sozialen Umfeld** wird sich der Werte- und Einstellungswandel weiterhin fortsetzen. Hierzu zählt auch ein verändertes Rollenverständnis der Frauen, ein verändertes Freizeitverhalten, ein gewandeltes Bild von der Arbeitswelt.
- Eine besonders starke Dynamik entwickelt sich im **technologischen Umfeld**. Der rasche Fortschritt auf allen Gebieten der Technologie fördert die Entstehung neuer Märkte und die Verbesserung der bestehenden Produktangebote.
- Das **ökologische Spannungsfeld** wird ein Dauerthema bleiben.
- Die **rechtlichen Beschränkungen** nehmen auch weiterhin zu. Dies gilt nicht nur für den Umweltschutz und das Lebensmittelrecht, sondern auch für die Harmonisierungstendenzen hinsichtlich der Gesetzgebung in der Europäischen Gemeinschaft. Unternehmen werden immer stärker in die rechtliche Verantwortung für Ihre Produkte eingebunden (Produkthaftung, Verursacherprinzip).

Welche Schlußfolgerungen ergeben sich aus diesen Entwicklungen für die klassische Unternehmensberatung im allgemeinen, und welche Relevanz haben diese Entwicklungen für die Outplacement-Beratung, die als Unternehmensberatung in Trennungssituationen anzusehen ist? Der Wandel in den Umfeldfaktoren wird zukünftig auch die Unternehmensberater zum Umdenken zwingen. Bruhns Thesen geben richtungweisende Hinweise gerade auch für die Positionierung des Outplacement-Beratungsangebots, denn die Trends, die für die klassische Unternehmensberatung gelten, sind auch für den Outplacement-Berater maßgebend.

- Die Spezialisierung der Beratungsleistungen führte in der Vergangenheit oft zu einer mangelnden übergreifenden konzeptionellen Arbeit der Berater. In sämtlichen Bereichen ist jedoch eine verstärkte konzeptionelle Arbeit erforderlich, die eine Integration von einzelnen Instrumentalstrategien in übergeordnete Unternehmensstrategien vornimmt.
- Für die nächsten Jahrzehnte sind verstärkte Beratungsleistungen in den Bereichen Technologie und Ökologie zu erwarten. Hierzu zählen vor allem Fragen der Auswirkungen neuer Technologien auf neue Produkte und neue Formen der Kommunikation.
- Beratungsgesellschaften werden verstärkt dazu übergehen müssen, „Problemlösungspakete" anzubieten. Neben der reinen Fachberatung sind die daraus resultierenden Folgeprobleme zu erfassen und Problemlösungen anzubieten. Dazu zählen etwa Mitarbeiterschulungen, Management auf Zeit, Personalrekrutierung, permanente Weiterbildung der Führungskräfte, rechtliche und steuerliche Beratung und anderes mehr.
- Viele Analysemethoden und Strategieansätze sind branchenunabhängig anzuwenden. Doch werden zukünftig verstärkte Branchenkenntnisse vom Unternehmensberater erwartet, denn ohne Kenntnis der Besonderheiten einer Branche besteht die Gefahr der Übernahme schematisierter Lösungen. Hier ist eine verbesserte Zusammenarbeit unterschiedlicher Beraterteams notwendig, um sowohl Sach- als auch Branchenkompetenz einzubringen.
- Unternehmensberater werden sich zukünftig nicht nur der klassischen betriebswirtschaftlichen Instrumente bedienen. Marktveränderungen werden auch die relative Bedeutung dieser Instrumente verändern, und neuen Verfahren und Instrumenten wird steigende Bedeutung zukommen. Dies gilt für sämtliche Unternehmensbereiche; so hat sich etwa im Marketingbereich in den letzten Jahren eine zunehmende Bedeutung für das Direktmarketing, die Kundendienstpolitik, das Sponsoring u. a. ergeben.
- Die Unabhängigkeit der Berater muß auch weiterhin gewährleistet bleiben. Das Vertrauen des Kunden zum Berater und seiner unabhängig erstellten Problemlösung für das Unternehmen bleibt ein zentraler Erfolgsfaktor für die Unternehmensberatung.
- Beratungsleistungen für Großunternehmen können nicht für mittelständische Unternehmen übernommen werden. Für Beratungen

des Mittelstandes sind allerdings zukünftig hohe Zuwachsraten zu erwarten.
- Auch heute noch ist viel Skepsis gegenüber Beratern zu beobachten, insbesondere weil eine externe Lösung mit Beratern keine Umsetzung der vorgeschlagenen Strategien garantiert. Jedoch werden sich Berater zukünftig verstärkt Gedanken darüber machen müssen, welchen Beitrag sie zur Umsetzung und damit zum direkt meßbaren Erfolg ihrer Problemlösung leisten können.
- Im Beratermarkt sind viele Einzelkämpfer tätig. Bei zunehmender Dynamik des Umfeldes und der Märkte sind jedoch vernetzte Formen der Unternehmensberatung erforderlich. Durch die Kombination und Übertragung von Know-how aus unterschiedlichen Bereichen sind Synergiewirkungen für Kunden zu erzielen. Dies bedeutet auch eine Öffnung der Beratungen gegenüber neuen wissenschaftlichen Erkenntnissen aus den Hochschulen.
- Bei zunehmender Konkurrenz zwischen den Beratungsgesellschaften werden die Berater dazu übergehen, Beratungsleistungen auch für ihr eigenes Unternehmen durchzuführen. Strategiekonzepte sollten nicht nur für den Kunden, sondern auch für die eigene Tätigkeit entwickelt und umgesetzt werden.

Wenn wir Outplacement-Beratung ebenfalls als ein Ganzes sehen im Sinne eines Problemlösungspaketes, das die erfolgreiche Implementierung der erarbeiteten Strategien umfaßt, nämlich die Problemlösung in Form einer neuen Aufgabe für die betroffene Führungskraft, dann müssen wir erkennen, daß wir als Strategen, Pädagogen, Konfliktberater und Marketingexperten uns mit Recht als Experten verstehen sollen, die sowohl ganzheitlich als auch vernetzt denken. Insofern geht die Outplacement-Beratung einen Schritt weiter, als die klassische Unternehmensberatung es heute noch tut. Sie verpflichtet sich, unter einem doch beachtlichen Zeitdruck nicht nur einen Lösungsweg aufzuzeigen, sondern ein konkretes Ergebnis vorzulegen. In der Outplacement-Beratung benötigen wir im Durchschnitt zwischen sechs und acht Monaten, bis wir ein Projekt abgeschlossen haben, das heißt bis zur Vertragsunterschrift.

In völliger Übereinstimmung mit Bruhn kann und soll der Outplacement-Berater im Sinne der Synergieeffekte Kooperationen mit anderen Unternehmensberatern anstreben. Outplacement ist so ein Ganzes in sich und doch als Teil eines übergeordneten Ganzen kompatibel und komplementär mit fast allen anderen Formen der Unternehmensberatung, denn Personalanpassungen in Zeiten des Umbruchs, neuer Orientierung und Restrukturierung sind fast überall eine unumgängliche Notwendigkeit.

Der Outplacement-Berater — ein junger Berufsstand, das Berufsbild eines neuen Typus des Unternehmensberaters — entstand aus der Notwendigkeit, dem Mitarbeiter, der das Unternehmen verlassen muß, eine berufliche Kontinuität zu bieten. Die Aufgabe der Repositionierung von Führungskräften nach innen (im Unternehmen), aber vor allem nach draußen auf den Arbeitsmarkt, wird in Zukunft das Personalwesen verstärkt beschäftigen.

Die Unsicherheit des betrieblichen Umfeldes wird in den nächsten Jahren noch zunehmen; es werden neue Strukturen in der Arbeitswelt entstehen. Die Führungskraft wird in Zukunft mehr und mehr ein „Manager auf Zeit", das Unternehmen wird immer weniger „Lebensstellungen" bieten können. Für die Führungskraft entsteht daraus eine Situation, in der sie Orientierungshilfen braucht. Hier wird dem Outplacement-Berater als Karriereentwicklungsberater zusammen mit dem Verantwortlichen für die Personalentwicklung eine besondere Rolle zukommen. Während es die Aufgabe des Personalentwicklers im Unternehmen ist, dafür Sorge zu tragen, daß der „richtige" Mann am richtigen Platz sitzt, setzt der Outplacement-Berater diese Aufgabe fort, wenn aufgrund innerbetrieblicher Veränderungen der richtige Platz für einen Mitarbeiter nicht mehr zur Verfügung steht. Es ist eine Frage der Unternehmenskultur und der sozialen Verantwortung des Unternehmens, für den Fall der Freisetzung Vorkehrungen zu treffen, ein professionelles Konzept zu haben. Dies beinhaltet auch das Angebot der Outplacement-Beratung.

Unternehmen durchlaufen, wie ihre Produkte auch, verschiedene Phasen, die dann entsprechend unterschiedliche Managertypen erfordern. Dem Vorgehen bei der Entwicklung von Geschäftsstrategien analog kommt der strategischen Positionierung der Führungskräfte eine wachsende Bedeutung zu. Dies gilt es, im Human Resource Management zu berücksichtigen. Jede Lebenszyklusphase einer Branche verlangt im Prinzip einen speziellen Managertypus, jede auf der eigenen Wettbewerbsposition basierende unternehmensspezifische Strategie benötigt einen besonderen Schwerpunkt im Profil des Managements.

Der Unternehmensberater, der Spezialist ist bei der Beratung von Führungskräften im Falle eines Positionswechsels, muß also in engem, kontinuierlichem Kontakt und Dialog mit den Human Resource Strategen stehen, denn nur so kann er als Moderator und glaubwürdiger Mittler zwischen Unternehmen und freizusetzenden Mitarbeitern wirken. Nur aufgrund umfassender Hintergrundinformationen und dem Kennen der komplexen Sachlage kann der Berater die Gründe, die zur Trennung führten, richtig einschätzen und darauf die individuelle Beratungsstrategie aufbauen.

Jeder Outplacement-Berater muß sich darüber im klaren sein und muß dies auch dem Betroffenen vermitteln, daß „Trennung" für den einzelnen − zumindest im ersten Moment − von oft niederschmetternder Wirkung ist, in der Gesamtentwicklung aber ein durchaus natürlicher Vorgang ist, der eine nüchterne Betrachtung erfordert und der auch immer eine Chance zum Neubeginn darstellt.

4.3 Outplacement-Berater als ganzheitlicher Unternehmensberater

Entwicklung und zunehmende Komplexität des Wirtschaftsgeschehens stellen an Unternehmen erhöhte Anforderungen. Das Management benötigt deshalb auch zunehmend externe Unterstützung bei der Lösung anstehender Probleme. Die externe Unternehmensberatung − unabhängig vom Beratungsschwerpunkt − geht zeitlich nach folgendem Schema vonstatten:

− Analyse
− Diagnose
− Konzept (Maßnahmenkatalog)
− Erfolgskontrolle

Die Analyse in der Outplacement-Beratung erfordert neben allgemeiner Marktkenntnis und dem Wissen um die speziellen Bedingungen im auftraggebenden Unternehmen vor allem Sensibilität, um die durch die „Trennung" ausgelösten oder vielleicht auch nur sichtbar gewordenen Probleme, die mit der Person des freizusetzenden Mitarbeiters ursächlich verknüpft sind, erkennen zu können.

Für den Betroffenen ist es von äußerster Wichtigkeit, das Ergebnis dieser Analyse mit dem Berater zu formulieren. Der Berater als neutraler und erfahrener Gesprächspartner muß mit viel Sensibilität dem Mitarbeiter helfen, zu einer realistischen Beurteilung der Situation zu kommen.

Die so gewonnenen Erkenntnisse sind von fundamentaler Bedeutung, wenn es um die Entwicklung einer Strategie, eines Konzeptes für die Positionierung des Betreffenden am Markt geht. Der Berater muß auch hier nicht nur über umfassende Kenntnis und Einsicht in die Entwicklungen des Arbeitsmarktes verfügen, sondern auch in der Lage sein, z. B. ein Stärken-/Schwächen-Profil mit dem betroffenen Mitarbeiter zu erarbeiten oder dessen Anforderungen und Vorstellungen von einer neuen Position herauszufiltern.

Sind alle Vorbereitungen getroffen, nimmt der „Positionssuchende" erste Kontakte mit potentiellen Arbeitgebern auf, muß der Berater ihn einerseits bei der Auswertung von Reaktionen und Gesprächen unterstützen und andererseits ihm helfen, Rückschläge – der erste Kontakt wird in den seltensten Fällen zum Erfolg führen – zu bewältigen und daraus sogar zu lernen. An den Berater werden hierbei insbesondere motivatorische Ansprüche gestellt.

Hat sich der Erfolg eingestellt, d. h. wird dem Mitarbeiter ein neuer Arbeitsvertrag angeboten, werden wieder andere Fähigkeiten und Qualifikationen des Beraters gefragt sein.

So kommt z. B. seine Erfahrung bezüglich der Gestaltung von Arbeitsverträgen dem Mandanten zugute. Aber auch über den Vertrag hinaus kann er beratend in der Phase der Einarbeitungszeit zur Verfügung stehen. Er kann helfen, nicht wieder in während der Beratungsdauer als nachteilig erkannte Verhaltensschemata zurückfallen. Dies mit der Einschränkung, daß es nicht Aufgabe des Beraters ist, den betroffenen Mitarbeiter umzuerziehen, vielmehr ihm zu ermöglichen, mit seinen Stärken und Schwächen bewußter umzugehen.

Zusammenfassend ist festzustellen: Der Outplacement-Berater muß eine gereifte Persönlichkeit sein, nicht zuletzt, um überhaupt als adäquater Gesprächspartner sowohl vom Unternehmen als auch von der freizusetzenden Führungskraft akzeptiert werden zu können. Neben einem hohen Maß an Wissen und Erfahrung muß er Unabhängigkeit,

Objektivität, Urteilsvermögen, Kontaktfähigkeit, Einfühlungsvermögen und Überzeugungsfähigkeit mitbringen. Die Outplacement-Beratung ist eine Ganzheitsberatung im wahrsten Sinne des Wortes und setzt das Verständnis für Firmenstrukturen, für aktuelle Entwicklungen und personalpolitische Strategien voraus. Natürlich gilt in besonderem Maße, was für jeden Mitarbeiter eines Unternehmens gilt: Er muß sich immer weiterbilden, er muß auf dem laufenden bleiben.

4.4 Profil eines Outplacement-Beraters

In der öffentlichen Meinung weiß man, was ein Arzt ist oder ein Rechtsanwalt. Wer im Wirtschaftsleben steht, weiß auch, was ein Wirtschaftsprüfer ist und ein Steuerberater, was sie tun und was man von ihnen erwarten darf. Was aber ist ein Unternehmensberater und insbesondere ein Outplacement-Berater?

Der Unternehmensberater hat viel Verantwortung, und wenn er tüchtig ist, ist er sehr gefragt und in seinen Leistungen hoch honoriert; an seinem Berufsbild jedoch wird noch geformt; es ist ein Beruf der allerneusten Zeit.

Der Outplacement-Berater ist ein Spezialist für den konstruktiven Umgang beider Seiten mit den Folgen der Beendigung eines Arbeitsverhältnisses. Da die Berufsbezeichnung „Unternehmensberater" rechtlich nicht geschützt ist, kann jeder, der sich zu dieser Tätigkeit berufen fühlt, den Beruf ausüben. Um so wichtiger ist es, bei der Wahl eines Beraters auf dessen Qualifikation zu achten.

Einige Kriterien sind in den Bedingungen des Bundesverbandes der Wirtschaftsberater e. V. (BVW) oder in den Aufnahmebedingungen des Bundesverbandes Deutscher Unternehmensberater (BDU) formuliert. Vor allem aber – und darin sind sich alle einig – ist Unternehmensberatung Vertrauenssache, und Vertrauen muß erworben werden. Das kann der Berater durch Überzeugungskraft bei der Präsentation seines Leistungsspektrums, durch Leistung, die sich herumspricht, durch den Namen, den er sich gemacht hat.

Das Profil eines Beraters setzt sich aus vier Kernbereichen zusammen: der Persönlichkeit und der persönlichen Lebenskraft, der Kompetenz sowie der Sicherheit/Vertrauenswürdigkeit. Je weitgehender der Berater diese auszufüllen in der Lage ist, um so höher seine Qualifikation.

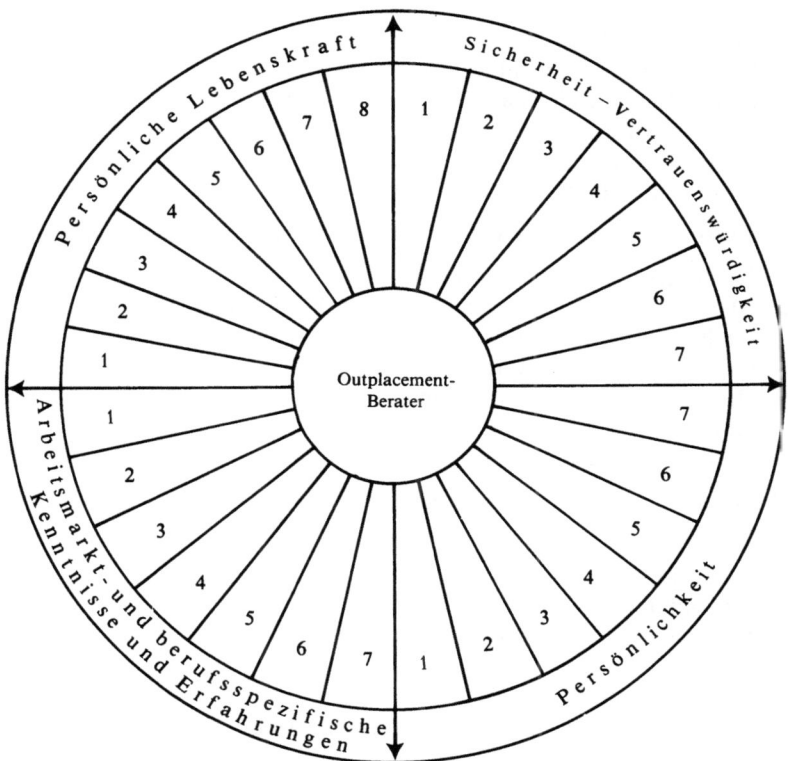

Abbildung 11: Beraterprofil

Persönlichkeit

1 Ganzheitliche, übersituative Denkfähigkeit
2 Soziale Kompetenz
3 Geduld und Gelassenheit
4 Analytische und strategische Denkfähigkeit
5 Integrität
6 Psychische Belastbarkeit
7 Kreativität

Persönliche Lebenskraft

1 Verantwortungsbereitschaft
2 Konfliktbereitschaft
3 persönliches Engagement
4 Sensibilität und Einfühlungsvermögen
5 Zuwendungsbereitschaft und -fähigkeit
6 Überzeugungsfähigkeit
7 Motivationskraft
8 Optimismus und Lebensbejahung

Arbeitsmarkt- und berufsspezifische Kenntnisse und Erfahrungen

1 Kenntnisse des Arbeitsmarktes
2 Managementerfahrung aus leitenden Funktionen
3 Sachkompetenz, Personalmanagement
4 Outplacement-Beratungs-Know-how
5 Personen-, Produktmarketing
6 Kommunikationstechniken
7 Breite Allgemeinbildung

Sicherheit, Vertrauenswürdigkeit

1 Positives Menschenbild
2 Beratungsethos
3 Unabhängigkeit, Objektivität
4 Gesprächs- und Reflexionspartner
5 Präsenz
6 Zielrigorosität
7 Führung und Unterstützung im Suchprozeß

Wenn auch heute bereits die Erkenntnis über die künftig wachsende Bedeutung der Outplacement-Beratung als gesichert gilt, so steht doch fest, daß die Zahl derjenigen, die diesen Beruf bereits erfolgreich ausüben, noch viel zu klein ist. Für die Gesamtkonstellation der deutschen Wirtschaft wird es gelten, noch mehr Akzeptanz für die selbstverständliche Inanspruchnahme dieser Dienstleistung durchzusetzen. Das kann jedoch nur erreicht werden durch die Kompetenz derjenigen, die solche Mandate übernommen und erfolgreich abgeschlossen haben.

Die Outplacement-Berater können, bevor sie sich für diese Aufgabe entscheiden, unterschiedliche berufliche Stationen absolviert haben; sowohl Aufgaben in Personalwesen und Personalentwicklung, Training, Aus- und Weiterbildung, aber auch im Marketing oder in der Unternehmensberatung im weitesten Sinne stellen eine willkommene Basis dar.

Neben der fachlichen Qualifikation kommt es jedoch bei diesem speziellen Beratungstyp verstärkt auf die persönliche Qualifikation an. Es darf nicht vergessen werden, daß wir Menschen vor uns haben, die sich in einer kritischen beruflichen und persönlichen Situation befinden. Der Berater darf daher auf keinen Fall nach Schema F arbeiten; wenn er nur sein Repertoire an Instrumenten anwendet, wird er dem Einzelfall nicht in vollem Umfang gerecht. Erfolg als Outplacement-Berater erfordert ein ausgeprägtes Interesse an menschlichen Belangen, Gespür für die interpersonellen Beziehungen und hochentwickelte kommunikative Fähigkeiten.

Persönliche Fähigkeiten

Um die erforderlichen Fähigkeiten eines Outplacement-Beraters noch besser charakterisieren zu können, sollten wir die Erwartungshaltung eines Betroffenen untersuchen. Die Führungskraft, der eine Trennung von ihrem Unternehmen bevorsteht, bedarf psychologischer Unterstützung, braucht Zuwendung und Verständnis, um den beruflichen Anschluß nicht zu verpassen.

Die Fähigkeit, zuhören zu können

Der Beruf des Beraters ist a priori ein Beruf, der die Belange des anderen in den Vordergrund zu stellen hat. Die Fähigkeit des Zuhörenkönnens ist dabei von entscheidender Bedeutung, denn von der Qualität und Quantität der Informationen, die man bekommt, von der Bereitschaft des Betroffenen, sich wahrheitsgetreu über seine Probleme zu äußern, hängt das Ergebnis ab. So wie der Arzt bei der Anamnese auf die Angaben des Patienten angewiesen ist, um die richtige Diagnose stellen zu können, muß auch der Berater sich ein möglichst umfassendes Bild verschaffen. Dies kann er nur erreichen, wenn es ihm gelingt, durch Zuwendung sowohl mit den Mitteln verbaler als auch non-verbaler Kommunikation eine Vertrauensbasis zu seinem Mandanten aufzubauen.

Auch während des weiteren Beratungsablaufs sind Geduld und Zuhörenkönnen von eminenter Bedeutung: Kommunikationsströme erzeugen, sich selbst zurücknehmen können, dem Gesprächspartner freien Raum lassen für seine eigenen Gedanken, sind Fähigkeiten des Beraters, die dem Mandanten helfen, sein Problem selbst zu lösen, statt eine vorgefertigte Lösung unkritisch zu übernehmen.

Mehr als eine Art „Technik" ist Zuhörenkönnen eine Geisteshaltung, die entsteht, wenn man ein bestimmtes Menschenbild, Verständnis für das Menschsein hat.

Die persönliche Ausstrahlung

Erfolgreiche Berater besitzen eine charismatische Ausstrahlung und sind so in der Lage, eine besondere Atmosphäre zu schaffen. Beratungsaktivitäten allgemein sind sehr personenbezogen. In der Outplacement-Beratung aber erfährt der Mandant eine besondere Art von Beziehung, eine Mischung von wohldosierter Nähe und notwendigem Abstand, analog zu den Beziehungen, die man zu einem Therapeuten, einem Arzt oder einem Rechtsanwalt hat. Die Erfolgreichen dieser Branche sind Persönlichkeiten, die eine außergewöhnliche Anziehungskraft haben. Sich ihnen gegenüber mitzuteilen, fällt nicht schwer. Sie inspirieren Vertrauen und strahlen Kompetenz aus. Um Kraft und Vertrauen auszustrahlen, muß der Berater diese in sich haben. Wachheit und Geistesgegenwart, Gelassenheit als Grundlage der Kraft sind als weitere wichtige Merkmale eines Outplacement-Beraters hervorzuheben.

Aus verschiedenen Gesprächen im Kollegenkreis von Outplacement-Beratern ergibt sich weitgehende Übereinstimmung darin, folgende Eigenschaften als unabdingbar anzusehen:

- Eine starke Persönlichkeit, die den Mandanten jedoch nicht dominiert, sondern es ihm kraft ihrer positiven, vertrauenerweckenden Ausstrahlung leicht macht, sich zu öffnen und mitzuteilen.
- Die Fähigkeit, zielorientiert mit Nähe und Abstand umzugehen.
- Verantwortungsbereitschaft, um einen existentiellen Konflikt lösen zu können.
- Hohe Streßtoleranz.
- Erhöhte Sensibilität für die Belange des anderen.

- Eine solide, starke, intellektuell und emotional sich im Gleichgewicht befindende Persönlichkeit.

Fachliche Anforderungen

Mit der Übernahme eines Mandates werden vom Outplacement-Berater mit einem Schlag zwei Lösungen gefordert: Eine für das menschliche Problem, die andere auf der fachlichen Seite in Form der baldigen Reintegration des Mandanten am Arbeitsmarkt.

Um dieser Art von Problemen gerecht werden zu können, muß der Berater über die persönliche Qualifikation hinaus weitreichende Kenntnisse über Vorgänge und Abläufe in den mikro- und makro-ökonomischen Strukturen der Wirtschaft besitzen. Der Outplacement-Berater kann seinen Beruf nicht ausüben, ohne die Vernetzung zwischen verschiedenen Teilfunktionen eines Unternehmens, zwischen formellen und informellen Machtstrukturen, die Bedeutung von Kommunikations- und Informationskreisläufen, Führungsstil und Unternehmenskultur aus eigener Erfahrung zu kennen.

Aus der profunden Kenntnis der Abläufe eines Unternehmens, der Situation der Branche sowie der beruflichen Bilanz des Betroffenen wird es dem Berater möglich, entsprechende Reorientierungshilfe zu bieten. Die Kenntnis des gesamten Arbeitsmarktes jenseits der einzelnen Branchen, der Inhalte und Anforderungen unterschiedlicher Funktionen sowie Kenntnisse der Ansätze strategischer Personalentwicklung sind unerläßlich. In einer stark dem Wandel unterliegenden Umwelt müssen diese Kenntnisse ständig aktualisiert werden; eine ausgeprägte Neigung zum *lifelong learning* erscheint daher für den Berater von besonderer Wichtigkeit.

Ein Outplacement-Mandat ist unter anderem auch ein strategisches Marketingprojekt. Analog zu einem Unternehmen, das ein Produkt positionieren will, muß der Berater zusammen mit der zu beratenden Führungskraft eine entsprechende Marketing-Strategie entwickeln. Diesbezügliche Kenntnisse sind für einen wesentlichen Teil der Beratung von erheblicher Relevanz. Der Berater muß schnell und klar

- das „Produkt" als ganzes kennenlernen und die Merkmale herausarbeiten, die seinen USP (= unique selling proposition, seine Ein-

zigartigkeit) ausmachen; das ist das Ziel der beruflichen und persönlichen Bilanz.
- den potentiellen Markt erkennen und analysieren, ihn segmentieren, um sich auf die erfolgversprechendsten Bereiche konzentrieren zu können.
- Formen der optimalen Ansprache der Zielgruppen erarbeiten.

Der Berater muß schließlich eine Reihe von Instrumenten und Techniken der Selbstdarstellung beherrschen und dem Mandanten vermitteln können. Dazu gehört die zielgruppengerechte Vermittlung der eigenen Fähigkeiten in mündlicher und schriftlicher Form, die Kunst des Telefonierens zur Aktivierung von Kontakten, Interviewstrategien usw.

Zusammenfassend läßt sich der Outplacement-Berater wohl am besten als Coach mit Sachverstand und Sensibilität beschreiben. Jenseits unmittelbarer sozialer Kompetenz muß er, bevor er Verantwortung für andere übernimmt, mit sich selbst im reinen sein, denn bekanntlich beginnt der richtige Umgang mit anderen beim kritischen Umgang mit sich selbst.

„Richtung weisen kann richtigerweise nur, wer aus Kenntnis eigener innerer Landschaft Kompaß und Landkarte für die Wege des Menschenmöglichen gefunden hat." (P. Zürn)

Was ein (potentieller) Outplacement-Berater unbedingt noch wissen sollte:

- Er muß bereit sein, jederzeit tätig zu werden, wenn es das Interesse des zu Beratenden erfordert.
- Muße zur Regeneration, Zeit für sich selbst und für die Erhaltung seiner körperlichen Leistungsfähigkeit braucht auch er, wenn er sein Geschäft über längere Zeit betreiben will. Hier wird Zeitmanagement großgeschrieben.
- Zeit für Fortbildung und Informationsauffrischung, für Vorträge und Fachliteratur muß unbedingt eingeplant werden.
- Gelassenheit und Geduld sind erforderlich, denn guter Rat ist wie Schnee: Je leiser er fällt, desto länger bleibt er liegen. In diesem Spezialbereich darf der Berater den Mandanten nie spüren lassen, daß er ihm – zumindest im Augenblick – überlegen ist.
- Der beste Berater ist jener, dem es gelingt, den zu Beratenden gar nicht merken zu lassen, daß er die Vorschläge des Beraters übernommen hat.

Auch wenn alle Qualifikationsmerkmale stimmen: Wer nicht mit diesen Einschränkungen leben kann oder sich nicht im klaren darüber ist, daß er niemals mit seinen Leistungen „protzen" kann, sondern stets nur im Hintergrund agiert, der sollte nicht Outplacement-Berater werden wollen.

5. Was: Konsequenzen und Erkenntnisse für die Praxis
Dieter Schulz

Outplacement hat zwei Zielsetzungen: zum einen die einvernehmliche Trennung, zum anderen die adäquate Fortsetzung der beruflichen Laufbahn des Mitarbeiters. Es liegt in der Natur der Sache, daß einvernehmliche Trennung vorrangig im Interesse des Unternehmens liegt, während der Mitarbeiter zwar aus seinem Selbstwertgefühl heraus ebenfalls einen sauberen Abgang sucht, aber dann vor allem seinen beruflichen Anschluß sichern möchte.

Trennung von Unternehmen und Mitarbeitern ist ein alltäglicher Vorgang in der Wirtschaft, die Rubrik „Personalien" in den einschlägigen Tageszeitungen zeigt lediglich die Spitze eines Eisberges. Nur selten erfährt man allerdings etwas über die Gründe oder darüber, wie und auf wessen Betreiben die Trennung zustande kam.

5.1 Faire Trennung ohne Scherben

Wenn der Mitarbeiter den Anfang macht, wird er, um sich abzusichern, seine Trennungsabsicht zunächst geheimhalten, sich in aller Ruhe nach einer neuen Position umsehen, um schließlich seinen Arbeitgeber vor vollendete Tatsachen zu stellen − ein normaler und allgemein akzeptierter Vorgang, der, wenn er nicht allzu gehäuft auftritt, das betroffene Unternehmen kaum in seinen Grundfesten erschüttern wird. Der aus der Trennung entstehende Konflikt bleibt begrenzt und kann in den meisten Fällen relativ schnell verarbeitet werden.

Wenn jedoch das Unternehmen sich zur Trennung entschließt, wird der davon betroffene Mitarbeiter nicht nur materiell, sondern auch emotional empfindlich getroffen. Dadurch entsteht unter Umständen eine Rollenzuweisung, die im Extremfall klassenkämpferische Züge annimmt: Hier der allmächtige Arbeitgeber, dort der hilflose Angestellte; stark gegen schwach, reich gegen arm usw. Der Konflikt, der durch die Trennung ausgelöst wird, gewinnt überproportional an Bedeutung und blockiert damit Energien sowohl auf seiten des Unternehmens als auch beim betroffenen Mitarbeiter. Die bisher eingesetzten Auffangmechanismen können bestenfalls beschwichtigen, bieten aber keinen Ausweg; Geld ist in dieser Situation keine Lösung.

Auch der Einsatz von Outplacement kann den Konflikt nicht verhindern. „Einvernehmliche Trennung" als Zielsetzung der Beratung entspricht weder der in Arbeitszeugnissen sehr beliebten Floskel, noch geht es darum, bestehende Differenzen zu übertünchen. Ziel ist vielmehr, den Konflikt auszutragen, das heißt, die Situation zu erkennen, die Trennung zu akzeptieren und zu verarbeiten. Dazu gehört der Berater als neutraler Dritter, der die Wogen glättet und die Diskussion versachlicht.

Wie sieht das aber nun in der Praxis aus? Inwieweit stimmt unser Idealbild von der partnerschaftlichen Konfliktlösung? Es ist leicht nachzuvollziehen, daß derjenige, der den Entschluß zur Trennung faßt, zunächst in einer besseren Position ist als derjenige, der von dieser Entscheidung überrascht wird. Er hat Zeit, sich alles genau zu überlegen, seine Argumentation vorzubereiten, mögliche Reaktionen des Partners zu bedenken und kann so mit größerer Sicherheit auftreten. Doch leider (oder Gott sei Dank) beruht die Entscheidung zur Trennung selten auf rein rationalen Überlegungen, und Emotionen komplizieren die ganze Angelegenheit erheblich. Meist ist es in der Praxis mit der nachvollziehbaren und für den Betroffenen einsichtigen Begründung der Trennung nicht weit her, geschweige denn mit der gründlichen Vorbereitung des Trennungsgespräches. Eine Atmosphäre gegenseitigen Nichtverstehens, Rechtfertigungsdruck auf beiden Seiten oder häufig sogar das Vermeiden einer klaren Aussage führen zu unkontrollierten und unkontrollierbaren Reaktionen, die keinen der Beteiligten weiterbringen oder gar empfindlichen Schaden anrichten.

Eine Trenung ist immer das Eingeständnis eines Scheiterns: Eine – in der Regel langfristig angelegte – Beziehung trägt nicht mehr. Mindestens einer der Beteiligten, häufiger jedoch beide Seiten, hat/haben einen Fehler gemacht, die Beziehung von vornherein falsch eingeschätzt, Erwartungen geweckt und nicht eingelöst, einen wichtigen Entwicklungsschritt versäumt. Wenn nun dieses Scheitern offenbar wird, ist es nur allzu menschlich, den Fehler zunächst auf der anderen Seite zu suchen, sich in gegenseitigen Schuldzuweisungen zu ergehen. Auch wenn man eigene Fehler oder Versäumnisse erkennt oder zumindest erahnt, wer ist stark genug, diese im Konfliktfall zuzugeben?

Zu einer fairen Trennung gehört es, sich dieser emotionalen Seite bewußt zu sein, sie in die Überlegungen einzubeziehen, damit sie nicht überhandnimmt und die sachlichen Gründe überdeckt. Eine Trennung kann nicht fair und schon gar nicht einvernehmlich sein, wenn einer der Beteiligten sich mißverstanden oder gar in irgendeiner Form betrogen fühlt.

Diese Beschreibung der Trennung als psychisch belastende Situation trifft grundsätzlich auch auf die Auflösung von Arbeitsverhältnissen zu. Auch hier besteht in aller Regel eine emotionale Bindung, die es zu berücksichtigen gilt. Hinzu kommt im Fall der vom Unternehmen initiierten Trennung das Abhängigkeitsverhältnis zwischen Arbeitgeber und Arbeitsnehmer, das eine ungleiche Verteilung der Folgelasten fast zwangsläufig mit sich bringt. Natürlich haben wir auch die Mitarbeiter kennengelernt, die schulterzuckend gleich eine Reihe von Alternativen präsentieren können und – sich heimlich ins Fäustchen lachend – noch schnell die Abfindung kassieren, doch der umgekehrte Fall ist weit häufiger: Der Mitarbeiter wird von der Entscheidung überrascht, ist tief getroffen, steht zunächst einmal vor dem Nichts. Meist sitzt dieser Schock tief.

Aus dem Schock heraus kommt es zu (Über-) Reaktionen, die nicht nur den Mitarbeiter blockieren, sondern auch dem Unternehmen schaden. Gerichtliche Auseinandersetzungen etwa sind immer unerfreulich. Unabhängig davon, wer den Prozeß letztendlich gewinnt, verlieren meist beide Seiten. Der Mitarbeiter wird mit diesem Mittel seinen Arbeitsplatz kaum erhalten können, er verschwendet Zeit und Energie, die er sinnvoller seiner beruflichen Neuorientierung widmen würde. Dem Unternehmen wiederum entstehen nicht nur vermeidbare Kosten, in aller Regel spricht sich ein solcher Streit auch herum. Erfahrungsgemäß interessiert sich dann kaum jemand für die Einzelheiten des Falles – was haften bleibt, ist ein schlechter Eindruck.

Aber auch wenn der gekündigte Mitarbeiter nicht gleich vor Gericht zieht, bleiben ungeschickt und womöglich gar unfair abgewickelte

Freisetzungen selten ohne Echo. Zunächst wird es Unruhe und Unsicherheit im unmittelbaren Umfeld geben. Qualifizierte Mitarbeiter werden sich dann überlegen, ob sie in diesem Unternehmen noch am richtigen Platz sind, und die Augen offenhalten, um sich notfalls rechtzeitig abzusetzen. Spätestens in diesem Stadium ist auch die Außenwirkung des Unternehmens angekratzt: Jeder Headhunter kennt die Firmen, in denen „alle Führungskräfte ansprechbar sind", weitere Abwanderungen beziehungsweise Fluktuationen im Management folgen, die Rekrutierung neuer Mitarbeiter wird schwieriger („Was, du willst zu XYZ? Da geht es doch zu wie im Taubenschlag"). Kunden und Geschäftspartner werden verunsichert; womöglich tauchen Gerüchte auf, die mit dem eigentlichen Auslöser der Verwirrung gar nichts mehr zu tun haben. Vielleicht hat der freigesetzte Mitarbeiter zu allem Überfluß inzwischen eine neue Position gefunden, vielleicht hat er sogar an Einfluß gewonnen und nutzt dies, kräftig Stimmung gegen seinen früheren Arbeitgeber zu machen; die Folgen sind unübersehbar.

Eine einzige Ungeschicklichkeit wird kaum diesen ganzen Mechanismus in Gang setzen, aber es geht hier nicht um Einzelfälle, sondern um grundsätzliche Vorgehensweisen, und da lohnt es sich sicher, über Alternativen nachzudenken. Der Einsatz von Outplacement hilft, die beschriebenen Nachteile zu vermeiden. Angesichts der Tatsache, daß die Qualität der Mitarbeiter zunehmend zum entscheidenden Wettbewerbsfaktor wird, sichert Fairneß über das Ende des Arbeitsverhältnisses hinaus langfristige Vorteile.

Die meisten Unternehmen sind sich des besonderen Verhältnisses zu ihren Mitarbeitern und ihrer daraus resultierenden sozialen Verantwortung durchaus bewußt. Typisches „hire-and-fire"-Verhalten haben wir nur in seltenen Ausnahmefällen beobachten können. Doch wie sich diese Verantwortung im Fall der Trennung und eventuell noch darüber hinaus konkret zeigen kann, darüber herrscht nach wie vor Ratlosigkeit. Die mit jovialer Geste angebotene großzügige Abfindung, das „wohlwollende" Zeugnis, die neutral formulierte Verlautbarung sind letztlich nur mehr oder weniger hilflose Versuche, dem eigentlichen Problem aus dem Wege zu gehen.

Die Möglichkeiten des Unternehmens bzw. des unmittelbar betroffenen Vorgesetzten oder der Personalabteilung, konkrete Hilfe zu leisten, sind naturgemäß beschränkt. Als Konfliktbeteiligte und (zumindest formal) -verursacher sind sie zu sehr Partei, als daß sie die Rolle des

Tutors glaubwürdig übernehmen könnten; es kann auch weder ihre Verantwortung noch ihre Aufgabe sein, die berufliche Zukunft des Mitarbeiters aktiv mitzugestalten. Zudem stünde der zeitliche und personelle Aufwand in keinem Verhältnis zum erzielbaren Ergebnis; ein externer Spezialist ist nicht nur effektiver, sondern auch preiswerter.

Dennoch kann das Unternehmen eine Menge dazu beitragen, den Konflikt zu entschärfen und damit den Schaden zu begrenzen. Die Richtung wird bereits im Vorfeld der Entscheidung zur Trennung bestimmt, und das Trennungsgespräch ist so etwas wie die „kritische Phase", die entscheidend für die weitere Entwicklung ist. Je früher hierbei ein neutraler Berater eingeschaltet wird, desto größer ist die Chance, Fehler bereits in der Vorbereitung und damit unnötige Spannungen zu vermeiden.

Trennungsentscheidungen fallen selten von heute auf morgen, meist geht der endgültigen Entscheidung eine mehr oder weniger lange Phase des Überlegens voraus. Das ist im Prinzip auch gut und richtig, denn eine momentane Verstimmung ist selten ein guter Ratgeber bei einem so weitreichenden Problem. Andererseits jedoch können Fehler in dieser Phase bereits großen Schaden anrichten, weil sie mindestens ebenso schnell publik werden und Kreise ziehen wie eine ungeschickt abgewickelte Kündigung. Diese Gefahr wird um so größer, je länger der Zustand der Unklarheit andauert, je länger die Entscheidung hinausgezögert wird.

Im Einzelfall mag es Gründe dafür geben, die Entscheidung zur Trennung lieber dem Mitarbeiter nahezulegen, als sie selbst zu treffen. Wenn dies dann allerdings so aussieht, daß der Betroffene über Monate hinweg systematisch ausgegrenzt wird, angefangen beim Einfrieren des Gehaltes, der Streichung des Dienstwagens bis hin zum „Vergessen" der Einladung zu wichtigen Meetings oder dem Kappen der Amtsleitung, können Störungen im Umfeld nicht ausbleiben. Im Sinne eines partnerschaftlichen Verhältnisses sollten sich solche Abschußtaktiken eigentlich von selbst verbieten, ebenso wie ein Vorgehen, bei dem der betroffene Mitarbeiter der letzte ist, der erfährt, daß seine Position zur Disposition steht, oder gar aus dem Markt hört, daß bereits sein Nachfolger gesucht wird. Wenn die Entscheidung tatsächlich noch nicht feststeht, wenn es noch Möglichkeiten gibt, sie in der einen oder anderen Richtung zu beeinflussen, sollte der Mitarbeiter frühzeitig und eindeutig vorgewarnt und eine klare Absprache im Hinblick auf Zeitpunkt und Kriterien für die Entscheidung getroffen werden; wenn die Trennung jedoch bereits beschlossene Sache ist, ist ein „Ende mit (vorübergehendem) Schrecken" besser als ein „Schrecken ohne Ende".

Das Trennungsgespräch selbst ist für alle Beteiligten eine belastende Situation, nicht nur für den betroffenen Mitarbeiter, auch für den Vorgesetzten oder Personalverantwortlichen, der die unangenehme Nachricht übermitteln muß. Aus dieser Belastung heraus entstehen häufig Fehler und Ungeschicklichkeiten, die die Stimmung zwischen den Beteiligten über den normalen Trennungskonflikt hinaus schwer beeinträchtigen können. Eine sorgfältige Vorbereitung auf dieses Gespräch kann unnötige „Schrammen" vermeiden helfen. Aber nicht nur die Unterstützung bei der Vorbereitung spricht für den Einsatz von Outplacement; ein Verantwortlicher sagte einmal, seit es Outplacement gebe, falle ihm das Trennungsgespräch (nicht die Entscheidung!) leichter, weil er nicht nur Negatives, sondern auch Positives anbieten könne.

Das Bedenken und Ausschalten möglicher Fehlerquellen, die ehrliche und rechtzeitige Entscheidung und eine Übermittlung der Entscheidung, die den Mitarbeiter als Persönlichkeit respektiert, sind wesentliche Aspekte einer fairen und für beide Seiten akzeptablen Trennung. Dieser Gedanke kann wohl kaum treffender beschrieben werden als mit der amerikanischen Formulierung „Termination should end the job, not the man".

Für das Unternehmen ist das vorrangige Ziel erreicht, wenn die Trennung ohne negative Publicity innerhalb und außerhalb des Unternehmens über die Bühne gegangen ist. Der Mitarbeiter wird an den Outplacement-Berater „weitergereicht", für den dann die eigentliche Arbeit beginnt. Ein weiterführender Kontakt zwischen Berater und Unternehmen während der Beratungszeit wäre sicher sinnvoll, zumal der Auftraggeber einen Anspruch darauf hat zu erfahren, welche Leistung für das Honorar erbracht wird. In der Praxis hat sich gezeigt, daß der Kontakt häufiger von seiten des Beraters gesucht wird als von seiten des Unternehmens. Hier setzt sich das Unbehagen fort, das die meisten Firmen befällt, wenn sie sich von einem Mitarbeiter trennen müssen. Wenn schon Trennung, dann so anständig und unauffällig wie irgend möglich, aber wenn es dann passiert ist, möchte man möglichst nichts mehr damit zu tun haben. Der Berater übernimmt eine Art Entlastungsfunktion, das Unternehmen ist von der weiteren Verantwortung für den Mitarbeiter befreit, bzw. hat sie durch das Angebot der Beratung auf einen Dritten übertragen.

Diese Distanzierung des Unternehmens ist nicht nur verständlich, sie ist sogar sinnvoll, schafft sie doch den nötigen Freiraum für die weiteren Aktivitäten des betroffenen Mitarbeiters. Dennoch wäre ein engerer Kontakt zwischen den Beteiligten auch nach der Trennung und nach Aufnahme der Beratung in vielen Fällen sinnvoll. Einerseits, weil es dem Berater helfen würde, ein umfassenderes Bild über den Hintergrund der Trennung und über die Person und Qualifikation des Mandanten zu gewinnen, sozusagen die andere Seite zu hören, andererseits, weil es die notwendige Klärung formaler Fragen, z. B. die Formulierung eines Trennungsbegründung oder die Gestaltung des Aufhebungsvertrages, erleichtern würde. Als Vermittler (nicht einer neuen Position, sondern zwischen zwei Parteien) sind die Berater auf das Vertrauen beider Seiten angewiesen. Sie machen die Aufnahme der Beratung von der Kooperationsbereitschaft des Mandanten abhängig; die Kooperationsbereitschaft des Unternehmens sollte sich nicht in der Zahlung der Rechnung erschöpfen.

Nicht zuletzt bietet eine einvernehmliche Trennung die − leider viel zu selten genutzte − Möglichkeit, sich, nachdem die Wogen geglättet sind und der erste Schock abgeklungen ist, zu einem freundschaftlichen Gespräch zusammenzusetzen und die Zeit der Zusammenarbeit mit allen ihren positiven und negativen Aspekten Revue passieren zu lassen. Ohne den verzerrenden Einfluß gegenseitiger Voreingenommenheit oder Schuldzuweisung können beide Seiten aus einem solchen Gespräch mit Sicherheit wertvolle Erkenntnisse für die Zukunft gewinnen.

5.2 Krise als Chance

Dem Mitarbeiter geht es in erster Linie darum, den beruflichen Anschluß zu schaffen − sollte man meinen. Nicht selten jedoch stehen zu Beginn der Beratung ganz andere Interessen im Vordergrund: „Vielleicht ist doch noch etwas zu retten", „Wie bringe ich das bloß meiner Familie bei?", „Ich gehe vor Gericht, die sollen kräftig zahlen!", sind durchaus typische erste Reaktionen. Dem Berater begegnen die meisten Mandanten zunächst eher kritisch/zwiespältig:

- Mißtrauen: „Wenn meine Firma mir das anbietet, muß doch ein Haken dabei sein."
- Falsches Selbstbewußtsein/Arroganz: „Für das bißchen Bewerben brauche ich doch keinen Berater." „Was für eine Zumutung, als ob ich so etwas nicht selber könnte."
- Griff nach dem Strohhalm: „Die werden mir schon einen Job besorgen, dafür werden sie schließlich bezahlt."

Nur die wenigsten Mandanten haben eine genauere Vorstellung, was der Berater für sie tun kann und was nicht. Nach dem Unternehmen gilt es jetzt auch noch den Mitarbeiter, den eigentlichen Nutznießer der ganzen Aktion, zu überzeugen. Er soll Beratung und Berater annehmen, um eine erfolgreiche Arbeit zu ermöglichen, gleichzeitig aber auch die Grenzen der Beratung erkennen. Der Berater wird also in dieser Situation versuchen, eine Entscheidungsgrundlage zu schaffen, das heißt, dem Mandanten zunächst einmal eine realistische Einschätzung seiner Situation vermitteln, die Grundzüge der Beratung abstecken und erste Lösungsansätze aufzeigen. Der Mandant muß Outplacement als Hilfestellung (nicht mehr!) akzeptieren, er muß Vertrauen in die menschliche und fachliche Kompetenz und Qualifikation des Beraters entwickeln, und er muß bereits jetzt motiviert werden, die weitere Entwicklung selbst in die Hand zu nehmen. Der Berater wird den ganzen folgenden Prozeß lenken, ohne selbst in Erscheinung zu treten. Er ist der Regisseur im Hintergrund, auf der Bühne steht jedoch der Mandant. Was er mit den Hilfen anfängt, wie er sie umsetzt, liegt in seiner eigenen Verantwortung.

Wenn sich der Mandant nach diesem Vorgespräch für die Aufnahme der Beratung entscheidet, hat er — wahrscheinlich ohne daß es ihm in dieser Form bewußt wird — bereits einen wesentlichen Schritt zur Bewältigung der Krise getan: Er ist bereit, sich nach vorn zu orientieren, sich stärker seiner Zukunft zu widmen als dem „Blick zurück im Zorn".

Von besonderer Bedeutung für die Einstellung des Mandanten und für seine Stabilität während der gesamten Zeit der Suche ist die Reaktion seines privaten Umfelds, des Partners, der Familie. Es ist klar, daß die Familie vom Verlust des Arbeitsplatzes unmittelbar mitbetroffen ist: Sie muß möglicherweise kurzfristige finanzielle Einschränkungen hinnehmen, auf Annehmlichkeiten wie etwa den Firmenwagen verzichten; mit der Position des Familienvaters geht ein gewisses Prestige verloren, die Familienmitglieder werden mit unangenehmen Fragen konfrontiert. Gelegentlich sind es auch ganz banale Probleme: Wie geht man damit um, daß der Partner plötzlich so oft zu Hause ist, sich womöglich in Dinge einmischt, um die er sich jahrelang nicht gekümmert hat? Wenn die Reaktion der Familie den Mandanten zusätzlich belastet, wenn beispielsweise das Gefühl des Versagens von dieser Seite noch geschürt wird oder der Partner die Krise zum Anlaß nimmt, endlich einmal auch seine eigenen Probleme zur Sprache zu bringen, fällt die Verarbeitung des Trennungserlebnisses besonders schwer. Wenn nötig, beziehen wir daher die Familie in die Beratung mit ein und sorgen dafür, daß der Prozeß der Neuorientierung von dieser Seite unterstützt wird und zusätzliche Schwierigkeiten vermieden werden.

Gerade in der Anfangshase gibt die regelmäßige Beschäftigung im Rahmen der Beratung dem Mandanten einen gewissen Halt. Er muß etwas Sinnvolles, etwas Zielgerichtetes tun. Es gibt nichts Verhängnisvolleres als den Versuch, den Schock erst einmal in einem ausgedehnten Urlaub oder auf dem Tennisplatz zu verdrängen. Der Bruch mit den jahrelangen Gewohnheiten, mit dem üblichen Tagesablauf ist schlimm genug; wenn dann nichts als die große Leere folgt, sind Depression und Resignation fast schon vorprogrammiert. Das andere Extrem ist die hektische Betriebsamkeit, in die viele Betroffene verfallen, zahl- und ziellose, unvorbereitete und unüberlegte Aktivitäten, die Chancen nicht erschließen, sondern unter Umständen auf Dauer verbauen.

Der Arbeitsmarkt unterliegt einerseits den Gesetzmäßigkeiten eines jeden Marktes; die Suche nach einer neuen Position ist im Grunde die Vermarktung der eigenen Person und läuft nach den Regeln und mit dem Instrumentarium des klassischen Marketing ab. Andererseits hat er durchaus seine Eigenheiten, besondere Gepflogenheiten und „Taktiken", die nur ein Insider richtig kennt und einsetzen kann. Vor allem aber gilt es, vor dem entscheidenden Schritt nach draußen erst einmal „in sich zu gehen", Qualifikationen und Erfahrungen zusammenzutragen, Stärken und Schwächen zu erkennen, oder, um die der Marketingterminologie zu bleiben, das Produkt zu definieren. Wenn man davon ausgeht, daß die Trennung meist eine Folge des Umstandes ist, daß Unternehmen und Mitarbeiter in irgendeiner Form nicht oder nicht mehr zusammenpassen, darf das Ziel nicht nur sein, möglichst schnell eine neue Position zu finden, sondern es muß auch sichergestellt werden, daß der Mandant nicht über kurz oder lang wieder in die gleiche

Situation gerät. Gerade die Tendenz, nach dem Motto „Schuster, bleib bei deinem Leisten" nach einer vergleichbaren Aufgabe im unmittelbaren Umfeld, etwa beim Wettbewerb, zu suchen, birgt diese Gefahr in sich. Zudem ist es in der Tat ein bestimmter Typus, der überdurchschnittlich häufig vom „Rausschmiß" betroffen wird. Es gibt zwar nicht den typischen Mandanten, dazu sind die Fälle zu speziell, aber bestimmte typische Persönlichkeitsfaktoren lassen sich durchaus feststellen, bewußtmachen und gegebenenfalls beeinflussen.

Nach einer Untersuchung der Cranfield School of Management (Human Resources Research Centre of Cranfield School of Management, The ‚N' Factor in Executive Survival, Cranfield Press, 1986), basierend auf der Auswertung von über 200 Fällen einer großen britischen Outplacement-Firma, sind es nicht unbedingt die schlechtesten Mitarbeiter, die es als erste trifft. Es sind eher die, die sich und ihre Leistung nicht so gut verkaufen können, die Probleme haben, sich selbst ins rechte Licht zu rücken. Die fachliche Qualifikation steht meist außer Zweifel, aber zum Leben und Überleben in einer mehr oder weniger großen Organisation gehört eben auch die andere Seite: Der richtige Riecher für neue Entwicklungen im sachlichen wie im zwischenmenschlichen Bereich, Bereitschaft zur Integration, ohne zum Anpasser zu werden, aber auch die Fähigkeit und der Mut, wenn nötig Ellbogen zu zeigen, sich durchzusetzen, aufzufallen. Der Mangel an diesen „taktischen" Fähigkeiten wird dann zum Problem, wenn in der beruflichen Entwicklung eine Station erreicht wird, in der die fachliche Seite gegenüber der kommunikativen Seite zurücktritt, wenn verstärkt Management- und Führungsqualitäten gefordert sind. Häufig sind es Naturwissenschaftler oder Techniker, die auf diesen Schritt nicht ausreichend vorbereitet sind, aber auch der Wechsel von einer Stabs- in eine Linienposition ist ein solcher kritischer Punkt, an dem dieser Mitarbeitertyp häufig scheitert. Wer in diesem Bereich ausgeprägte Defizite hat, wird immer wieder in ähnliche Situationen kommen und immer wieder die gleichen Fehler machen; im schlimmsten Fall merkt er es noch nicht einmal und erklärt sich und anderen alles mit den ungünstigen Umständen.

Einige unserer Mandanten hatten bereits solche Karrieren hinter sich: Mehrfache Wechsel, immer wieder in Firmen gelandet, wo es nach kurzer Zeit nicht mehr weiterging, Trennungen, für die es keine so recht einleuchtenden Gründe gab. So etwas kann vorkommen, aber schon beim zweiten „Reinfall" ist die Wahrscheinlichkeit, das es nur „Pech" war, gering. Oft sind die wirklichen Gründe für einen Außenstehenden ziemlich offensichtlich: Da war beispielsweise der Manager, der glaubte, immer alles alleine machen zu müssen, sich nur auf sich selbst verlassen zu können, und sich damit ins Abseits manövrierte; der Geschäftsführer eines Familienunternehmens, der bei Auseinandersetzungen der Gesellschafter regelmäßig auf der falschen Seite stand, weil ihm das Gespür für die Entwicklungen im Hintergrund fehlte; die qualifizierte Mitarbeiterin, die Beruf und Privatleben nicht auseinanderhalten konnte und bei der auf den privaten „Korb" zwangsläufig früher oder später der berufliche folgte.

Solche Mandanten müssen erst einmal lernen, auch bei sich selbst Ursachenforschung zu betreiben, eigene Fehler und Defizite zu erkennen und zu beheben, zumindest aber mit ihren Schwächen bewußter umzugehen. Im Hinblick auf die Suche einer neuen Position ist es für sie noch wichtiger als für andere, sich über ihre Ziele klarzuwerden und kritisch zu prüfen, wie und wo diese sich verwirklichen lassen. Wenn dies geschehen ist, gilt es um so mehr, aus der Defensive eine Offensive zu machen, die persönlichen Stärken konsequent zu vermarkten und die definierte Zielsetzung beharrlich zu verfolgen.

Bei alldem ist jedoch immer die besondere psychische Belastungssituation zu berücksichtigen, in der sich alle Mandanten befinden. Unter dieser Belastung fehlt der nötige Abstand, sich selbst und die persönliche und berufliche Situation ehrlich zu analysieren. Angst und Unsicherheit würden ohne den Berater als kritischem Gesprächspartner leicht zu vorschnellen und möglicherweise falschen Entscheidungen führen.

Demgegenüber wird die Möglichkeit des Beraters, ein konkretes Stellenangebot vorzulegen oder auch nur konkrete Hinweise zu geben, oft überschätzt. Zwar verfügt er über einen guten Überblick über die Entwicklungen der verschiedensten Märkte, doch sollte sich der Mandant in seinem ganz speziellen Betätigungsfeld eigentlich besser auskennen. Die vorrangige Aufgabe des Beraters wird es also sein, ihm die Augen zu öffnen, ihn zum „Querdenken" anzuregen und ihn zu einer aktiven Marktforschung in eigener Sache zu motivieren. Die so gefundene neue Position ist das Ergebnis der Arbeit des Mandanten und als solches unter psychologischen Gesichtspunkten zweifellos mehr wert als ein Stellenangebot, das der Berater mehr oder weniger zufällig aus der Schublade ziehen würde.

Der Mandant profitiert trotz dieser Einschränkung (oder besser Klarstellung) in vielerlei Hinsicht von der Beratung:

- Die permanente psychologisch orientierte Unterstützung durch den erfahrenen und mit vergleichbaren Situationen vertrauten Berater gibt ihm das Gefühl, daß seine Krise zu bewältigen ist, und damit die Sicherheit, die er braucht, um zu einer ehrlichen Selbsteinschätzung zu kommen und die daraus abgeleitete Zielsetzung offensiv im Markt zu vertreten und konsequent zu verfolgen.
- Eine detaillierte Bestandsaufnahme der vermarktbaren Qualifikationen einerseits und die klare Definition der Anforderungen an eine neue Position andererseits bieten eine weitgehende Absicherung gegen mögliche Fehlentscheidungen.
- Der Berater hilft bei der Entwicklung und Umsetzung einer individuellen Marketingstrategie, die darauf ausgerichtet ist, die vorhandenen Chancen und Möglichkeiten optimal zu nutzen.
- Er ist in jeder Phase der Beratung kompetenter und kritischer Gesprächspartner, der auf der Basis seiner Marktkenntnis und seiner Erfahrung berät, ohne zu gängeln, zur Verfügung steht, ohne sich aufzudrängen, motiviert, ohne den Mandanten in eine Abhängigkeit zu lotsen. Ja nach Situation treibt er an oder bremst, bestätigt oder hinterfragt, macht Mut oder lenkt den Blick auf Risiken.

Dabei darf nicht übersehen werden, daß im Durchschnitt sechs bis acht Monate vergehen, ehe der Mandant einen neuen Vertrag in der Tasche hat. Dieser Zeitraum mag auf den ersten Blick relativ lang erscheinen, ergibt sich aber zwangsläufig aus dem Bemühen, gemäß der ursprünglichen Zielsetzung die bestmögliche Lösung zu suchen und zu finden. Unter Umständen kann die Suche auch noch länger dauern, etwa wenn der Markt besonders eng ist oder wenn durch die Urlaubsphase nicht beeinflußbare Wartezeiten, außergewöhnliche Verzögerungen eintreten. In dieser Zeit durchläuft der Mandant Höhen und Tiefen, eröffnet sich vielversprechende Chancen, muß aber auch Rückschläge hinnehmen. Das Vertrauensverhältnis, das sich während der Beratung entwickelt, hilft ihm, schwierige Situationen zu meistern und schließlich aus der Krise heraus einen neuen Anfang zu wagen.

Viele ehemalige Outplacement-Kandidaten berichten jedoch über eine zusätzliche Erfahrung, die langfristig gesehen wesentlich wichtiger ist: Sie haben eine neue Perspektive gewonnen, Erkennntnisse über die eigene Person, die ihnen ohne den Druck der beruflichen Krise nie bewußt geworden wären. Sie wissen über ihre Stärken und Schwächen Bescheid und können damit in der künftigen Laufbahn die Fallstricke umgehen, über die sie ohne dieses Wissen vielleicht gestolpert wären.

5.3 Grenzen der Beratung

Outplacement ist sicherlich ein sinnvolles und wirksames Instrument, die Trennung von Unternehmen und Mitarbeitern konfliktarm zu gestalten und den möglichen Schaden für beide Parteien zu begrenzen. Dennoch ist es kein Allheilmittel, und es gibt einige Fälle, wo dieses Mittel an seine Grenzen stößt.

Kritiker stellen häufig die hohen Erfolgsquoten in Frage und argumentieren, diese könnten nur dadurch zustande kommen, daß sich die Berater „die Rosinen aus dem Kuchen picken", das heißt, nur solche Fälle annehmen, die von vornherein gute Erfolgsaussichten bieten. Dieses Argument ist sachlich nicht ganz falsch, kann aber als Kritik so nicht akzeptiert werden. Der Outplacement-Berater, der Fairness auf seine Fahnen geschrieben hat, sollte diese auch selbst gegenüber Kunden und Mandanten praktizieren. Wenn er nicht unglaubwürdig erscheinen will, muß er versuchen, die Chancen für die Lösung in jedem Einzelfall realistisch einzuschätzen und das Ergebnis seiner Überlegung sowohl Auftraggeber als auch dem Betroffenen offen mitteilen. Es wäre niemandem geholfen, wenn er hier falsche Versprechungen machen würde, die sich letztendlich als nicht einlösbar erweisen. Nicht zuletzt kennzeichnet es den seriösen Berater, daß er auch einmal ein Mandat ablehnt, das sich für ein klassisches Outplacement nicht eignet, und gegebenenfalls Alternativen vorschlägt. Auch das Unternehmen sollte sehen, daß es nicht in jedem Fall die Verantwortung einem Berater übertragen kann.

Dem Mann kann (nicht) geholfen werden!

Selbstverständlich gibt es „leichtere" und „schwierigere", aber eben auch „nicht machbare" Fälle, wobei sich die Beurteilung aus mehreren Faktoren ergibt, aus der Gegenüberstellung von Marktsituation und der individuellen Disposition des Mandanten. Auf die Marktsituation hat der Berater natürlich keinen Einfluß. Aus seiner Erfahrung in den unterschiedlichsten Branchen und Funktionsbereichen ist er aber in der Lage, zusammen mit dem Mandanten und gegebenenfalls auch mit dem beauftragenden Unternehmen ein realistisches Bild zu zeichnen. Gerade wenn die Trennung durch allgemeine Entwicklungen des Marktes, des Unternehmens oder der gesamten Branche begründet ist, gewinnt der Faktor „Disposition des Mitarbeiters" an Bedeutung. Hier sind insbesondere zu nennen: Alter, Qualifikation, Flexibilität und Mobilität des Mandanten.

Was das Alter der Mandanten angeht, so gibt es keine definitive Grenze für die Aufnahme und den Erfolg einer Beratung. „Je älter, desto schwieriger" ist bestenfalls eine Halbwahrheit und „Jenseits der 50 geht sowieso nichts mehr" ist schlichtweg falsch. Natürlich wird der 55jährige Personalleiter kaum eine Chance haben, wenn er sich auf die bestens bekannten Stellenangebote bewirbt, in denen der junge, dynamische Aufsteiger gesucht wird. Im direkten Wettbewerb, verstärkt noch durch die Vorgehensweise, bei der allein aufgrund der „Papierform" eine Vorauswahl getroffen wird, kann er nur unterliegen: Er ist nicht nur älter, sondern dadurch in aller Regel auch teurer. Meist erhält er nicht einmal die Möglichkeit darzustellen, wieso er diesen Preis wert ist. Für den älteren Mandanten gilt es daher verstärkt, andere Strategien zu entwickeln, Strategien, die den direkten Vergleich zunächst vermeiden und die einerseits die Vorteile, die dieser Bewerber durch seine größere Erfahrung hat, gezielt ausnutzen, andererseits seinen komparativen Vorteil konsequent darstellen und vermarkten.

Grundsätzlich gilt: Je höher die Hierarchiestufe, desto eher wird ein höheres Alter akzeptiert, sofern ein Zusatznutzen erkennbar ist. Aber auch auf höchster Ebene gibt es Grenzen. Unternehmen, die eine vakante Position neu besetzen, streben in aller Regel eine Lösung an, die zumindest mittelfristig tragfähig ist. Wer also zwei Jahre vor Erreichen der Altersgrenze noch auf den großen Karrieresprung hofft, ist mit Sicherheit auf dem Holzweg. Das heißt allerdings nicht, daß er sich nun gleich aufs Altenteil zurückziehen muß. In solchen Fällen wird der Berater gemeinsam mit dem Mandanten alternative Tätigkeiten in Erwägung ziehen, bei denen dieser seinen Erfahrungsvorsprung voll ausspielen kann, beispielsweise in der Beratung, als Manager auf Zeit oder auch in der Selbständigkeit, oder gemeinsam mit dem Unternehmen eine Alternativlösung für die noch verbleibende Zeit erarbeiten.

Die Frage der Qualifikation ist in erster Linie ein Vermarktungsproblem, wobei sowohl eine sehr enge als auch eine besonders breite Qualifikation Schwierigkeiten bereiten können. Bei der sehr engen Qualifikation ist das unmittelbar einsichtig; wenn der Konstruktionsleiter beispielsweise seit 20 Jahren bei ein und demselben Unternehmen beschäftigt war, das womöglich noch ein sehr spezielles Produkt herstellt, ist der Markt zwangsläufig eng, unter Umständen auf einen oder zwei Wettbewerber beschränkt (für die – um das Problem einmal überspitzt darzustellen – vielleicht noch ein Wettbewerbsverbot besteht). Eine solche Situation stellt hohe Anforderungen an die Flexibilität aller Beteiligten, an ihre Bereitschaft, unkonventionelle und mutige Lösungen zu suchen.

Eine besonders breite Qualifikation ist dann schwer zu vermarkten, wenn nicht ausdrücklich (für eine Top-Position) der Generalist gesucht wird. Zwar ist die Managementliteratur voll von Forderungen nach dem umfassend gebildeten und vielseitig orientierten Manager für die 90er Jahre, zwar beklagen Personalverantwortliche und -berater öffentlich und lautstark den Mangel an diesen Managern der Zukunft, doch zeigt sich in der Praxis häufig, daß Mandanten, die keinen „klassischen" Werdegang vorweisen können, die sich nicht ohne weiteres in eine „Schublade" einsortieren lassen, die größten Schwierigkeiten haben, ihre vielseitige Qualifikation an den Mann zu bringen?

Einer unserer Mandanten war beispielsweise in einem Großunternehmen im Zuge der dort üblichen Job-Rotation in den unterschiedlichsten Bereichen erfolgreich tätig und hat dadurch eine breite Qualifikation erworben, die jedoch zugegebenermaßen auf eine Fortsetzung der Karriere innerhalb dieses Unternehmens zugeschnitten war. Als ein Wechsel notwendig wurde, sah er sich mit der Frage konfrontiert: „Was macht er denn nun eigentlich, ist er jetzt Techniker oder Personalmann, Trainer, Verkäufer oder was?" Ein solcher Mann paßt nicht in die üblichen Schemata. Hinzu kommt, daß Wechsel in andere Verantwortungsbereiche auf der gleichen Ebene schnell als mangelnde Zielstrebigkeit interpretiert werden. In dieser Situation ist es wichtig, eine klare Zielsetzung zu erarbeiten und am Markt mit der Argumentation aufzutreten: „Ich kann erwiesenermaßen eine Reihe von Dingen, aber eines davon kann ich am besten, und genau dies möchte ich in Zukunft tun." Wir können den Lebenslauf nicht ändern, also gilt es, ihn so gut wie möglich zu verkaufen. Dazu gehört, mögliche Kritik zu antizipieren, scheinbar Negativem die positiven Seiten abzugewinnen. Auch hier ist eine Strategie, die darauf abzielt, die versteckten Stellenangebote zu erschließen, aussichtsreicher als der offene Wettbewerb mit anderen Kandidaten. In unserem Fall konnte der Kandidat sich erfolgreich als Lösung für ein bestimmtes Problem präsentieren und bekam schließlich eine entsprechende Position sozusagen maßgeschneidert.

Geringe Flexibilität des Mandanten ist häufig ein Problem, ein Problem allerdings, dem in aller Regel beizukommen ist. Fast alle Mandanten neigen zunächst dazu, in der einmal eingeschlagenen Richtung weiterzudenken, und drohen zu verzweifeln, wenn es in dieser Richtung nicht weitergeht. Der durch die Trennung ausgelöste Schock wirkt in der Anfangsphase der Beratung zusätzlich blockierend: Sie können sich keine andere Möglichkeit vorstellen, ja im schlimmsten Fall weigern sie sich, überhaupt darüber nachzudenken. Hier ist es Aufgabe des Beraters, Alternativen ins Gespräch zu bringen, auf ihre Realisierbarkeit hin abzuklopfen und den Mandanten zu motivieren, sie auch zu verfolgen. Es wird niemanden überraschen, daß die beste Motivation in diesem Zusammenhang erste Erfolgserlebnisse sind, die Erfahrung beispielsweise, auch in „fremden" Bereichen als Gesprächspartner ernst genommen zu werden, was schließlich der erste von vielen Schritten zu einer neuen Position ist. Je früher diese Erfolgserlebnisse eintreffen, um so günstiger für den Mandanten: Er wird sicherer, mutiger, selbstbewußter, Eigenschaften, die ihm bei seiner Präsentation am Markt ohne Einschränkung zugute kommen. Umgekehrt: Auf die ersten „Reinfälle" als Motivationsfaktor zu hoffen, ist ein großes Risiko. Natürlich gibt es auch Mandanten, die sich erst um Alternativen Gedanken machen, wenn alle naheliegenden Möglichkeiten ohne Erfolg ausgeschöpft sind und sie gezwungen sind, andere Wege zu beschreiten; vielleicht gewinnen sie schließlich sogar Spaß an der Sache, aber die Wahrscheinlichkeit, zu einer wirklich guten Lösung zu kommen, wird um so geringer, je größer der Druck von außen und der innere Widerstand sind.

Fehlende Mobilität ist im Grunde ein Teilaspekt mangelnder Flexibilität. Wer nicht umziehen kann oder will, hat meist gute Gründe dafür: Das gerade fertiggestellte Haus, die Tochter kurz vorm Abitur, die Frau, die ihre eigene Position nicht aufgeben will, vielleicht als Lehrerin ortsgebunden ist. Letztlich ist es jedoch eine Frage der Prioritäten, und Kompromisse − auch unter Einbeziehung der Familie − sind häufig notwenig. Nur die wenigsten Mandanten haben das Glück, ihre neue Position gerade vor der Haustür zu finden. Wenn der Markt diese Möglichkeit nicht bietet, gilt wie in allen anderen „schwierigen Fällen", daß der Anbieter sich der Nachfragesituation soweit wie möglich anpassen muß.

Für die Entscheidung pro oder contra Outplacement-Beratung bedeutet dies, daß die Bereitschaft des Mandanten, die Beratung anzunehmen, auch mit der Konsequenz, daß die erreichbare Lösung sich möglicherweise nicht mit seinen ursprünglichen Vorstellungen deckt, unabdingbare Voraussetzung ist. Der Berater kann überzeugen oder im Verlauf der Beratung behutsam zu beeinflussen versuchen, zwingen kann er niemanden.

Die Bedeutung der Kooperationsbereitschaft des Mandanten wird besonders deutlich, wenn man vergleichbare Fälle gegenüberstellt. So hatten wir einmal die Situation, daß ein großes Unternehmen der Grundstoffindustrie Personalanpassungen vornehmen mußte, von denen auch zwei Mitarbeiter der Rechtsabteilung betroffen waren. Beiden war angeboten worden, entweder eine geringere Position innerhalb des Hauses zu übernehmen oder mit unserer Unterstützung an den Markt zu gehen. Beide waren langjährige Mitarbeiter mit vergleichbarem Erfahrungshintergrund, beide hatten zuvor nicht an eine Veränderung gedacht. Einer sah nur Schreckgespenster, große Not, keine Chancen, wollte keinen Ortswechsel in Betracht ziehen und war vom Nutzen professioneller Unterstützung nicht zu überzeugen; der andere Mitarbeiter war optimistischer, öffnete sich peu à peu und erarbeitete sich mit Hilfe des Beraters seine individuelle Marketingstrategie. Durch intensive Arbeit und offensives Agieren am Markt eröffneten sich ihm eine Vielzahl von Chancen; er entschied sich schließlich für eine Position in einem großen Konzern einer anderen Branche in einer anderen Region. Was ursprünglich als Referentenposition im Konzernstab zur Diskussion stand, hat sich inzwischen zu einer wichtigen operativen Funktion mit entsprechender Führungsverantwortung entwickelt. Daß mit der gestiegenen Verantwortung auch ein höheres Einkommen verbunden war, versteht sich von selbst. Der andere Kollege hingegen hat seinen fehlenden Mut mit einer drastischen Einschränkung seiner Kompetenzen und dem Einfrieren seines Gehaltes bezahlen müssen.

5.4 Schwierigkeiten im Verlauf einer Beratung

Wenn auch über 95 Prozent der Mandate positiv verlaufen, so gibt es doch einige wenige Grenzfälle, in denen Schwierigkeiten erst im Verlauf der Beratung auftreten: Alle Beteiligten sind grundsätzlich bereit, die Beratung aufzunehmen, doch nach einiger Zeit werden Hindernisse deutlich, die einem optimalen Verlauf entgegenstehen. Wir wollen an dieser Stelle nicht von den behebbaren Schwierigkeiten in einzelnen Phasen der Beratung sprechen, von den Problemen etwa, die viele Mandanten beim Aufbau des Kontaktnetzes oder im Interview haben, sondern von schwerwiegenden Hemmnissen, die sich im Laufe der Beratung zeigen können.

Oft ist es die Sekretärin, die es als erste zu spüren bekommt: Da ist ein Mandant, der darauf besteht, für sein (?) Geld etwas verlangen zu können. Da wird jeder Handgriff auf das Beratungsunternehmen abgewälzt, um jede Briefmarke gefeilscht, da muß alles am besten gestern erledigt werden. Damit wir uns nicht mißverstehen, natürlich gehört es zu unseren Aufgaben, den Mandanten nach Kräften zu unterstützen, ihn von Routinearbeiten zu entlasten; ein Dienstleistungsunternehmen lebt von gutem und professionellem Service. Dennoch ist ein solches Verhalten meist symptomatisch für ein tieferliegendes Mißverständnis, eine Anspruchsmentalität mit der bewußten oder unbewußten Vorstellung, daß da jemand das eigene Problem lösen könne. Der Mandant übernimmt keine Verantwortung für seine Aktionen, er findet immer einen Schuldigen, wenn es mal wieder nicht geklappt hat, zumindest aber eine mehr oder weniger plausible Ausrede. „Es war von vornherein eine idiotische Idee des Beraters, ausgerechnet dieses Unternehmen für eine Kontaktaufnahme zu empfehlen", „Bei so vielen arbeitslosen Juristen/Chemikern/ . . . (jeder beliebige Beruf könnte an dieser Stelle stehen) habe ich in meinem Alter sowieso keine Chance mehr", „Wieso sollte ich mit einem niedrigeren Anfangsgehalt einsteigen, das habe ich nun wirklich nicht nötig", „An mir kann es nicht liegen, ich tue ja alles Menschenmögliche, aber . . .". Solche Mandanten lassen die Beratung über sich ergehen (schließlich wird sie ja bezahlt und warum sollte man etwas verschenken), ohne daraus zu lernen, ohne Konsequenzen für die eigene Person und das eigene Verhalten zu ziehen. Der Berater gerät dadurch in einen Konflikt: Einerseits kann es nicht sein Ziel sein, den stromlinienförmigen Manager zu kreieren und seinen Mandanten dazu anzuleiten, sich als jemand darzustellen, der er nicht ist; andererseits sieht er natürlich auch, daß ohne weitreichende Änderung kein Ergebnis zu erzielen ist. In einigen Fällen hilft es, wenn der nun nicht mehr ganz so „neutrale Dritte" einen „Vierten" einschaltet, der versucht, die hemmenden Mechanismen transparent zu machen und dadurch wieder Bewegung in den festgefahrenen Ablauf zu bringen. In sehr wenigen Fällen allerdings stellt sich heraus, daß das eigentliche Problem so tief sitzt, daß es den Rahmen der Beratung mit ihrer konkreten Zielsetzung sprengen würde, hier eine Änderung erreichen zu wollen. Dies sind die Fälle, wo der Outplacement-Berater, der sich ja auf die Lösung eines klar umrissenen Problems spezialisiert hat, schließlich doch passen muß.

Nicht ganz so dramatisch, aber im Grunde ähnlich gelagert sind die Fälle, wo der Mandant nach anfänglicher Bereitschaft einfach nichts tut, Beratungssitzungen grundlos verschiebt oder ganz absagt, seine „Hausaufgaben" nicht macht, vereinbarte Aktivitäten „vergißt", wichtige Kontakte brachliegen oder einschlafen läßt und dadurch wertvolle Chancen vergibt. Auch hierfür kann es tiefliegende Ursachen geben, die uneingestandene Angst beispielsweise, sich auf etwas Neues, Unbekanntes einzulassen mit dem Risiko, möglicherweise abgewiesen zu werden. Manchmal jedoch liegt der Grund viel näher: Der Mandant hat es (vorerst) gar nicht nötig, aktiv zu werden. Das Unternehmen hat ihm so viel Zeit eingeräumt, daß er glaubt, die unangenehme Aufgabe guten Gewissens noch eine Weile vor sich herschieben zu können. Vielleicht rettet ihn ein glücklicher Zufall, vielleicht gibt es doch noch eine Chance in der alten Firma, vielleicht spricht ihn morgen ein Headhunter an, vielleicht findet er eine neue Position über eine Anzeige, ohne sich allzusehr exponieren zu müssen. Leider bestätigen sich diese Hoffnungen höchst selten. In all den Jahren ist es bisher nur einmal geglückt, die Trennungsentscheidung durch eine Taktik des Aussitzens rückgängig zu machen; dem Mandanten kam dabei ein Managementwechsel zu Hilfe. Wir wissen nicht, ob und wie lange er in der neuen Situation überlebt hat, zumindest wurden seine Kompetenzen erheblich beschnitten.

Grundsätzlich sollte der Mandant seine Aktivitäten in Ruhe und ohne das Schreckgespenst der Arbeitslosigkeit im Nacken planen und durchführen können. Dazu gehört, daß eine vernünftige Übergangsregelung gefunden wird, die den Mitarbeiter für die Zeit der Suche absichert und ihm die Möglichkeit gibt, aus einem bestehenden Arbeitsverhältnis heraus zu operieren. Zuviel Großzügigkeit in dieser Frage kann allerdings auch schädlich sein. Es gibt einige Mandanten, die sich ohne einen gewissen Druck nicht dazu durchringen mögen oder können, die Suche offensiv anzugehen. Ob die Primärmotivation ausreicht oder ob es sinnvoll ist, ihr durch Druck von außen etwas nachzuhelfen, ist eine Frage, die nur in enger Abstimmung zwischen Berater und Unternehmen entschieden werden kann. Die besten Erfahrungen haben wir mit Regelungen gemacht, die nach den ersten Gesprächen mit Hilfe des Beraters zwichen den beiden Parteien vereinbart wurden und die dadurch die Gewähr bieten, daß niemand sich übervorteilt fühlt. Auf der Basis solcher Regelungen haben bisher alle unsere Mandanten innerhalb der Restlaufzeit ihres Vertrages eine neue Position gefunden, ohne arbeitslos zu werden.

Die Darstellung der Schwierigkeiten, die im Verlauf der Beratung auftreten können, macht deutlich, warum das Beratungsunternehmen keine Erfolgsgarantie geben und demzufolge auch nicht auf Erfolgsbasis abrechnen kann. Seriöse Berater verpflichten sich, die Beratung zum einmal festgesetzten Honorar so lange fortzusetzen, bis der Mandant eine neue Aufgabe gefunden hat. Um dieses Ziel zu erreichen, sind sie jedoch nicht nur bei Beratungsaufnahme, sondern bis zu deren Abschluß auf die Kooperationsbereitschaft des Mandanten angewiesen. Wenn, aus welchen Gründen auch immer,. diese Bereitschaft ausbleibt oder nachläßt, hat der Berater auf den Ausgang der Aktion keinen Einfluß mehr. Es liegt natürlich − nicht zuletzt um seines Rufes willen − auch in seinem Interesse, seine „Fälle" zu einem befriedigenden Abschluß zu bringen, doch wie überall, wo Menschen zusammenarbeiten, sind auch hier seinen Möglichkeiten natürliche Grenzen gesetzt.

5.5 Zunehmende Bedeutung von Outplacement

Der in den letzten Jahren zu beobachtende Wertewandel ist naturgemäß nicht ohne Einfluß auf das Verhältnis zwischen Unternehmen und Mitarbeitern im allgemeinen und auf unser Arbeitsgebiet im besonderen geblieben. Zum einen spielt hier sicher die Notwendigkeit eine Rolle, angesichts sich ändernder Bevölkerungsstruktur und daraus resultierender Verschiebung der Angebots- und Nachfragesituation qualifizierte Mitarbeiter zu rekrutieren, zu fördern und zu halten sowie das Potential der vorhandenen Mitarbeiterschaft optimal auszuschöpfen. Zum anderen aber ist die zunehmende Bedeutung der „menschlichen" Seite, die Tendenz, den Menschen nicht nur als einen der Produktionsfaktoren zu betrachten, sondern dem Aspekt der Beziehungen stärkeres Gewicht beizumessen, eine Entwicklung, die die Idee der fairen Trennung zweifellos fördert.

Trennungskultur

Fortschrittliche Unternehmen entwickeln und pflegen heute bewußt ihre eigene Kultur nach innen und außen und stellen den Menschen in den Mittelpunkt ihrer Überlegungen. Partnerschaftlicher Umgang miteinander und offene Kommunikation auch über Hierarchieebenen hinweg spielen dabei eine zentrale Rolle. Wenn das Ende der Partnerschaft dann durch unschöne Begleiterscheinungen getrübt wird, trifft dies nicht nur den Mitarbeiter, sondern stellt auch die Corporate Identity des Unternehmens in Frage. Gute Partnerschaften sollten für den Fall, daß es keine andere Lösung gibt, die Möglichkeit des fairen Auseinandergehens beinhalten, und es ist Teil der Unternehmenskultur, hierfür rechtzeitig geeignete Mittel bereitzustellen. Unternehmen, die durch das Angebot, eine Outplacement-Beratung in Anspruch zu nehmen, für diesen Fall Vorsorge getroffen haben, können damit langfristig Ängste und Unsicherheiten bei Mitarbeitern abbauen, Motivation erhalten bzw. den Rückzug in die „innere Kündigung" in vielen Fällen verhindern.

Leider ist die Entwicklung noch nicht so weit fortgeschritten, daß Outplacement zum festen Bestandteil einer aktiven Personalpolitik geworden wäre und planmäßig eingesetzt würde. Auch wenn Bekanntheitsgrad und Akzeptanz generell zugenommen haben, beobachten wir nach wie vor, daß es eher als „letzte Rettung" in schwierigen Fällen betrachtet wird und vor allem als Ad-hoc-Lösung dient. Einer grundsätzlicheren Auseinandersetzung mit der Problematik von Trennungen steht wohl noch immer eine gewisse Tabuisierung dieses Themas entgegen.

Während Personalbeschaffung und Personalentwicklung zu den angenehmeren Aufgaben zählen, die, zumindest was die inhaltliche Seite angeht, in die Linienverantwortung des jeweiligen Vorgesetzten fallen, wird eine notwendige Trennung meist von der formalen Seite betrachtet und unter diesem Gesichtspunkt von der Personalabteilung abgewickelt. Während Instrumente für die beiden anderen Bereiche der Personalarbeit seit langem existieren, ständig weiterentwickelt und konsequent eingesetzt werden, gibt es bis heute in kaum einem Unternehmen verbindliche Richtlinien, geschweige denn ausgefeilte Strategien für den Umgang mit Freisetzungen. Verlegenheitslösungen sind die Folge, und wer Outplacement nur im Konfliktfall als die bestmögliche unter vielen Verlegenheitslösungen in Betracht zieht, hat damit zwar das akute Problem so gut wie möglich bereinigt, verzichtet aber eigentlich auf eine Reihe von weiterführenden Möglichkeiten, die dieses Instrument bietet.

Generell ist wohl die Motivation für den Einsatz von Outplacement heute noch weitgehend eine negative, das heißt, es dient als willkommene Unterstützung, vorhersehbare Schwierigkeiten zu vermeiden, unmittelbar drohenden Schaden abzuwenden; der langfristige Nutzen hingegen wird selten berücksichtigt. Auch Unternehmen, die Outplacement seit Jahren regelmäßig einsetzen, tun dies bei weitem nicht in allen Trennungsfällen. Wenn es eindeutige, für den Mitarbeiter nachvollziehbare sachliche Gründe gibt, etwa aufgrund einer Fusion oder Schließung, sehen die Unternehmen meist eine reguläre Kündigung als ausreichend an. Die Wahrscheinlichkeit, daß der Betroffene – in welcher Form auch immer – gegen die Entscheidung vorgeht, ist relativ gering. Eine Ausnahme ist dann gegeben, wenn das Unternehmen negative Publizität unabhängig von der Reaktion des oder der Betroffenen befürchten muß, etwa dann, wenn eine größere Zahl von Mitarbeitern gehen muß. In einem solchen Fall bietet sich Gruppen-Outplacement als imagebildende Maßnahme an.

Ebenso liegen die Fälle, bei denen eine klare Schuldzuweisung möglich ist; wer die sprichwörtlichen „silbernen Löffel geklaut" hat, wird kaum mit dem Angebot einer Beratung „belohnt" werden. Outplacement wird hingegen um so eher eingesetzt, je unklarer die Trennungsgründe sind, je weniger der Mitarbeiter einsehen kann, weshalb die Entscheidung gerade zu diesem Zeitpunkt so getroffen wurde. Gerade wenn sich Dinge über einen längeren Zeitraum hinweg aufgebaut haben, ist der eigentliche Auslöser oft nur noch minimal. Wenn die Konflikte aber vorher nie angesprochen wurden, wenn das Unternehmen vielleicht sogar den Fehler gemacht hat, den Mitarbeiter bewußt oder unbewußt in Sicherheit zu wiegen, etwa durch den Versuch des „Weglobens", den der Mitarbeiter als normale Beförderung in Anerkennung seiner Leistung interpretiert hatte, dann besteht im Fall der Trennung ein akuter Argumentationsnotstand. Der Mitarbeiter „fällt aus allen Wolken", und Outplacement ist das einzige Mittel, ihm eine „weiche Landung" zu ermöglichen oder anders gesagt das Getöse, das ein harter Aufprall zwangsläufig mit sich bringt, zu verhindern.

Ein weiteres häufiges Motiv für den Einsatz von Outplacement ist in der Tat die soziale Verantwortung, die Verpflichtung, die ein Unternehmen auch über die Trennung hinaus für einen Mitarbeiter empfindet und wahrnimmt. Doch ist eine bemerkenswerte Ausweitung dieses Gedankens zu verzeichnen: Während der typische Outplacement-Mandant in den ersten Jahren noch der langjährige, verdiente Mitarbeiter war, der aus irgendwelchen Gründen nicht mehr paßte, hat sich das Bild im Laufe der Zeit verschoben. das Durchschnittsalter unserer Mandanten sinkt kontinuierlich; der überdurchschnittlich qualifizierte, karrierebewußte Enddreißiger, der im alten Unternehmen nicht mehr weiterkommt, ist zwar immer noch die Ausnahme, aber es gibt ihn durchaus.

Zunehmende Akzeptanz bei den Betroffenen

Diese Tatsache macht deutlich, daß es von seiten der Unternehmen doch erste Ansätze in Richtung eines bewußten, planmäßigen Umgangs mit Outplacement (als einem Mittel pro Konfliktbewältigung und contra Aussitzen) gibt. Ebenso zeigt sie aber auch eine veränderte Einstellung der betroffenen Mitarbeiter.

War Outplacement in der Anfangszeit noch etwas, worüber man bestenfalls hinter vorgehaltener Hand sprach, so ist der Umgang mit dieser Dienstleistung heute lockerer und sachlicher, die Inanspruchnahme, wenn auch nicht selbstverständlich, so doch weitgehend akzeptiert. Warum sollte man sich für eine Ausnahmesituation, in die man vielleicht einmal im Leben kommt, mühsam und unter vielen Rückschlägen ein Know-how aneignen, über das der Spezialist bereits verfügt? Niemand käme auf die Idee, sich bei einem vergleichbaren juristischen Problem selbst in die umfangreiche Materie einzuarbeiten oder bei einem Motorschaden am Auto nicht den Fachmann zu rufen.

Zu dieser veränderten Einstellung hat nicht zuletzt die Publizität beigetragen, die dem Outplacement gerade in jüngster Zeit zuteil wurde. Zwar vermittelt die Presse gelegentlich ein etwas schiefes Bild, doch die Tatsache, daß sie sich überhaupt mit diesem Thema beschäftigt, entsprechende Beiträge in den Rubriken „Management" oder „Karriere" einordnet, spricht für eine verstärkte Aufmerksamkeit und einen erhöhten Informationsbedarf der Öffentlichkeit. Heute können nicht mehr nur Eingeweihte, Personalfachleute oder unmittelbar Betroffene mit dem Begriff etwas anfangen, wenn auch zwischen „schon einmal davon gehört haben" und „etwas davon verstehen" eine breite Kluft liegt. Diese erhöhte Akzeptanz in der Öffentlichkeit macht den Umgang mit Outplacement für alle Beteiligten leichter; es ist keine Schande mehr, in dieser besonderen Situation die Hilfe eines externen Beraters in Anspruch zu nehmen und sich auch dazu zu bekennen. Parallel dazu steigt die Bereitschaft der Unternehmen, bei Neubesetzungen nicht nur Kandidaten aus „gesichertem Arbeitsverhältnis" zu berücksichtigen, sofern der Grund der Trennung transparent und akzeptabel ist.

Die veränderte Einstellung der Betroffenen zeigt sich sowohl im Verlauf der Beratung als auch nach deren Abschluß. Zum einen setzt sich langsam ein offeneres Klima durch, Berührungs- und Kontaktängste innerhalb der Beratung werden abgebaut. Obwohl der Berater als ständiger Ansprechpartner selbstverständlich nach wie vor von größter Wichtigkeit ist, akzeptieren die Mandanten heute bereitwilliger als früher mehrere Gesprächspartner, Spezialisten für einzelne Bausteine des Beratungsprogramms. Die Beratung findet nicht mehr hinter verschlossenen Türen statt. War es in der Anfangszeit noch undenkbar, daß sich zwei Mandanten beispielsweise auf dem Flur begegneten, stellen wir heute konkrete Überlegungen an, wie wir die Selbsthilfe der Mandanten untereinander aktivieren und fördern könnten.

Noch wichtiger erscheint uns aber die Tatsache, daß Betroffene auch nach Abschluß der Beratung und außerhalb unserer Büros zu diesem Programm stehen. Mehr als früher halten ehemalige Mandanten zu ihrem Berater lockeren Kontakt, suchen in schwierigen Situationen das

Gespräch mit ihm. Die Beratung ist für viele nicht mehr etwas, das sie möglichst schnell abhaken und vergessen möchten, sondern eine Erfahrung, die für den weiteren Berufsweg als nützlich und hilfreich angesehen wird. Konsequenterweise sind Mandanten heute bereit, auch „draußen" über ihre Erfahrungen mit der Outplacement-Beratung zu berichten. Einer unserer Mandanten nutzte sogar das Angebot der Beratung im Sinne seines eigenen Marketings. Gefragt, ob er sich beraten ließe, sagte er ja und fügte hinzu, daß er dieses Angebot seiner Firma als Auszeichnung für seine Verdienste sehe.

Bei einigen Beobachtern haben die beschriebenen Veränderungen zu der pauschalen Schlußfolgerung geführt, Outplacement mache Trennungen leichter. Diese Beurteilung, so überzeugend sie auf den ersten Blick klingt, bedarf der Differenzierung und Überprüfung. Außer Frage steht wohl, daß Outplacement in der Tat die Durchführung einer beschlossenen Trennung erleichtert, aber besteht nicht die Gefahr, daß durch dieses Angebot auch die Trennungsentscheidung leichter fällt, die Hemmschwelle herabgesetzt wird?

Vor dem Hintergrund unserer bisherigen Erfahrungen können wir feststellen, daß Trennungen nach wie vor „Bauchschmerzen" verursachen, von unguten Gefühlen und mehr oder weniger schlechtem Gewissen auf seiten des Unternehmens begleitet sind. Die Entscheidung zur Trennung resultiert entweder aus Sachzwängen, die nur begrenzt beeinflußbar sind, oder sie steht am Ende einer Entwicklung als letzte Konsequenz, wenn andere Auswege nicht mehr gangbar sind. Wenn dann der Outplacement-Berater eingeschaltet wird, geht es nicht mehr um das „ob", sondern nur noch um das „wie". Wir haben noch keine Trennung erlebt, die zum Zeitpunkt der Entscheidung − auch aus neutraler Sicht − vermeidbar gewesen wäre, die aufgrund einer Kurzschlußreaktion zustande kam oder die die Beteiligten im nachhinein bedauert hätten.

Auch längerfristig betrachtet ist diese Gefahr eher gering einzuschätzen. Im Rahmen einer sinnvollen Personalplanung kann es nicht das vorrangige Interesse der Unternehmen sein, Mitarbeiter unbedacht und leichtfertig freizusetzen, wenn man berücksichtigt, wieviel Knowhow dabei verlorengeht. Vielmehr gilt es, Fehlentscheidungen, die nicht zuletzt hohe Kosten verursachen, zu vermeiden und Fehlentwicklungen frühzeitig zu erkennen und nach Möglichkeit zu beheben. Angesichts der Bevölkerungsentwicklung und der bevorstehenden tiefgreifenden Strukturänderungen der gesamten Wirtschaft wird dieser Aspekt weiter an Bedeutung gewinnen. Durch diese Veränderungen wird die Position der Mitarbeiter dem Unternehmen gegenüber gestärkt.

Vorbeugen ist besser

Gerade jüngere Mitarbeiter werden zunehmend anspruchsvoller, was die Qualität ihrer Tätigkeit angeht: Berufstätigkeit dient nicht allein der Sicherung des Lebensunterhaltes, sondern soll auch Sinnerfüllung bieten und damit Bedürfnisse befriedigen, die über die unmittelbare materielle Sicherheit hinausgehen. Diese Einstellung beinhaltet grundsätzlich eine hohe Identifikationsbereitschaft, die sich aber weniger auf das Unternehmen als solches als vielmehr auf die Herausforderung einer bestimmten Aufgabe richtet. Für das Unternehmen bedeutet dies, daß es von dieser Identifikations- und damit Leistungsbereitschaft nur dann profitiert, wenn es dem Mitarbeiter eine seiner Qualifikation, aber auch seinen Wünschen und Erwartungen entsprechende Aufgabe anbieten kann.

So gilt es, schon bei der Entscheidung über die Aufnahme eines Arbeitsverhältnisses die gegenseitigen Vorstellungen kritischer als bisher zu überprüfen und im Verlauf der Zusammenarbeit Auseinanderentwicklungen rechtzeitig zu erkennen und nach Möglichkeit zu beheben. Regelmäßige Check-ups dienen beiden Seiten dazu, den Zustand ihrer Beziehung zueinander festzustellen und gegebenenfalls Kurskorrekturen vorzunehmen. Solche Maßnahmen helfen, das Potential eines Mitarbeiters optimal auszuschöpfen, und erhalten dadurch langfristig seine Motivation und seinen Einsatzwillen. Planmäßig in größerem Umfang eingesetzt, erlauben diese Assessments eine kontinuierliche, möglicherweise sogar gegenseitige, Anpassung von Unternehmensplanung und Human Resources.

Auch auf die Gefahr hin, daß durch eine solche Personalpolitik das eine oder andere Outplacement überflüssig wird, versuchen wir, der Entwicklung Rechnung zu tragen, indem wir unser Know-how bei der Beurteilung von Qualifikationen, bei der Potentialanalyse und nicht zuletzt beim Umgang mit Konflikten zwischen Unternehmen und Mitarbeitern auch unabhängig von konkret anstehenden Trennungsentscheidungen anbieten. So unterstützen wir mit Hilfe erprobter Programme Unternehmen bei ihrem Bemühen, „den richtigen Mann an den richtigen Platz" zu stellen, greifen bei Kommunikationsproblemen als Vermittler beziehungsweise Moderator ein und führen Management Audits als komplette Bestandsaufnahme etwa bei der Übernahme eines Unternehmens durch.

Dahinter steht die Überlegung, daß es bei − nicht generell vermeidbaren − Zielkonflikten zwischen Unternehmen und Mitarbeiter niemals Sieger und Verlierer geben sollte. Je eher ein solcher Konflikt erkannt und angesprochen wird, desto größer ist die Chance, ihn zu beheben. Wenn sich jedoch trotz aller Bemühungen herausstellt, daß keine für beide Seiten zufriedenstellende Lösung innerhalb des Unternehmens gefunden werden kann, so ist die frühzeitige Entscheidung zu einer fairen Trennung für alle Beteiligten ein ehrlicher Ausweg. Während bei der traditionellen Kündigung beide Seiten in irgendeiner Form verlieren, zum einen durch die hinlänglich bekannten negativen Auswirkungen der Maßnahme an sich, zum anderen aber auch durch das unnötige Hinauszögern der Entscheidung, bis ein geeigneter „Grund" gefunden ist, durch die Aufrechterhaltung eines letztlich unbefriedigenden Status quo also, ermöglicht Outplacement eine Trennung, von der beide Parteien profitieren: Das Unternehmen kann einen unbefriedigenden Zustand schnellstmöglich beenden und Positionen freimachen, die überflüssig geworden sind oder mit anderen Mitarbeitern besser besetzt werden können, der Mitarbeiter erhält die Chance, mit dem ausdrücklichen Einverständnis des alten Arbeitgebers und mit professioneller Unterstützung durch einen Berater eine für ihn besser geeignete Position zu suchen. Auch wenn dies im Augenblick der Trennung nicht unbedingt offenkundig ist, so hat doch die Erfahrung gezeigt, daß die allermeisten unserer Mandanten das Trennungserlebnis gut verkraftet haben und positiv für sich umsetzen konnten. Das Ende eines Arbeitsverhältnisses als Chance für einen Neubeginn, einen Neubeginn, der durch die Beratung alle Aussichten auf dauerhaften Erfolg hat.

Ausblick

Eine bemerkenswerte Tatsache ist es, daß Outplacement als personalpolitisches Instrument trotz der erhöhten Publizität bisher ins Bewußtsein der Tarifpartner und diversen Interessenvertretungen noch kaum Eingang gefunden hat. Unseres Wissens gibt es bisher von keiner Seite eine „offizielle" Stellungnahme oder gar Enpfehlung. Immerhin signalisiert die Arbeitgeberseite in letzter Zeit vorsichtiges Interesse und Informationsbedarf.

Ebenso beginnen die Vertretungen der Führungskräfte und der Leitenden Angestellten, sich nach anfänglicher kategorischer Ablehnung mit der Idee der fairen und einvernehmlichen Trennung auseinanderzusetzen. Während sie vor einigen Jahren noch den Standpunkt vertraten, daß ihr Ziel einzig und allein die Erhaltung der Arbeitsplätze ihrer Mitglieder sein müsse, erkennen sie heute, daß es durchaus auch im Interesse der Mitarbeiter liegen kann, ein Beschäftigungsverhältnis aufzulösen, wenn es innerhalb des Unternehmens nicht mehr weitergeht.

Die Gewerkschaftsseite hingegen zeigt sich nach wir vor äußerst zurückhaltend. Nicht nur, daß bei den hinlänglich bekannten Problemen gemeinwirtschaftlicher Unternehmen in den vergangenen Jahren Outplacement kein Thema war, auch in Fällen, wo es um Freisetzungen größeren Ausmaßes ging und wo demzufolge Betriebsräte gefordert waren, wurde meist eine finanzielle Abfindung dem Angebot der Beratung vorgezogen.

Zwar sind wir der Auffassung, daß die Alternative Geld oder Beratung grundsätzlich nicht sinnvoll ist, da weder das eine noch das andere allein eine optimale Absicherung bietet, doch wie das Angebot von Unternehmerseite auch immer aussieht, es ist in jedem Fall kurzsichtig, zugunsten eines finanziellen Ausgleichs auf die Beratung zu verzichten. Geld löst das Problem des Arbeitsplatzverlustes nicht; wenn der Betroffene nicht weiß, wie er sich den Arbeitsmarkt erschließen kann, oder wenn er unprofessionell vorgeht, ist das Geld verbraucht, bevor er den Anschluß gefunden hat. Vielleicht mag hier die pragmatische Haltung der französischen Gewerkschaften als Beispiel dienen: Jede Maßnahme, die dazu beiträgt, daß freigesetzte Mitarbeiter schnell wieder Arbeit finden, ist grundsätzlich zu begrüßen (schließlich zahlen sie dadurch um so eher wieder Beiträge).

Diese Einstellung ist nur ein Indiz dafür, daß Akzeptanz und Einsatz von Outplacement in den wichtigsten europäischen Nachbarmärkten erheblich weiter fortgeschritten sind als in Deutschland. In Großbritannien geht die Initiative häufig schon von den betroffenen Mitarbeitern aus, die die Beratung im Rahmen ihrer individuellen Karriereplanung gezielt in Anspruch nehmen, beziehungsweise die Zusage einer Beratung für den Fall des Ausscheidens schon bei Aufnahme des Arbeitsverhältnisses in den Vertrag aufnehmen lassen. (Auch in deutschen Firmen gibt es bereits vereinzelt solche Zusätze im Vertrag.) Deutsche Unternehmen setzen in den Nachbarländern und in den USA Outplacement seit vielen Jahren ein und machen damit gute Erfahrungen, während sie im eigenen Land noch meinen, auf dieses Instrument verzichten zu können. Umgekehrt müssen multinationale Unternehmen, bei denen Outplacement längst gang und gäbe ist, in Deutschland vor den immer noch vorhandenen Widerständen kapitulieren. Auf Dauer werden wir uns jedoch keine Insellösung leisten können. Die Harmonisierung der Märkte wird auch vor den Arbeitsbedingungen nicht haltmachen; wenn die Grenzen fallen, werden sich zwangsläufig auch die besonderen Gepflogenheiten auf dem Personalsektor einander anpassen. Outplacement gehört dazu.

6. Wohin: Personalmanagement – Quo Vadis?

Ian Walsh

6.1 Problemfelder heutigen Personalmanagements

Betrachtet man die Ausgangssituation des heutigen Personalmanagements, lassen sich folgende Problemfelder anführen:
- Es fehlt immer mehr Führungskräften an Mobilität.
- Großunternehmen unterliegen einer zunehmenden Bürokratisierung, die zur Starrheit führt.
- Hierarchische Strukturen in der Industrie erschweren die Innovation.
- Das herrschende Sicherheitsdenken führt zu einem Mangel an Unternehmertum.
- Industriestrukturen und damit die Mentalität vieler Führungskräfte sind zu wenig flexibel.
- Rekrutierungsprozeduren und die dazu gehörenden Auswahlkriterien fördern Verhaltensweisen und Karrierewege, die durch einen starken Konformismus geprägt sind.
- Der Personalmarkt (Zusammenbringen von Angeboten und Nachfrage) funktioniert nicht.
- Personalverwaltung hat Priorität gegenüber Mitarbeiterführung.

Die Liste könnte verlängert werden. Durch eine lange Auflistung von Symptomen wird aber nicht bewiesen, daß der Patient krank ist und – auch wenn er das sein sollte – wird keine Heilungsmöglichkeit automatisch sichtbar.

Das Personalmanagement der 90er Jahre braucht neue Methoden, Sichtweisen und Kompetenzen, will es seine Aufgaben weiterhin wahrnehmen.

6.2 Strategisches Personalmanagement

Das strategische Personalmanagement verknüpft Personalplanung, Fortbildungsmaßnahmen und Formen der Personalführung mit der strategischen und kulturellen Bestimmung des Unternehmens.

Ausgangspunkt für alle strategischen Überlegungen sind Markt und Wettbewerb sowie die daraus abzuleitenden Möglichkeiten, haltbare Wettbewerbsvorteile aufzudecken und zu sichern. Überdies beeinflussen Wertvorstellungen, Arbeitsweisen und Führungsstile, die die Persönlichkeit des eigenen Unternehmens prägen, den strategischen Spielraum.

Bei der Umsetzung von Strategien – aber auch schon bei der Strategiebestimmung – hat das Personalmanagement einen wichtigen Einfluß auf die Chancen und Grenzen strategischer Vorhaben.

Dadurch wächst der Personalabteilung eine essentielle Aufgabe zu. Sie greift diese Herausforderung leider zu langsam auf, denn Personalarbeit kann nicht mehr als bloß nachgeordnete Planung verstanden werden, sondern hat sich als Teil des strategischen Managements zu etablieren. Ihr Beitrag sollte das Erkennen, das Konkretisieren und das Bereitstellen der zukünftig erforderlichen Personalressourcen sein.

Hierzu stehen schon genug erprobte Instrumente und Verfahren zur Verfügung.

- In der *Personalplanung* können Zielfähigkeiten aufgrund der für das Unternehmen kritischen Erfolgsfaktoren sowie der Interdependenzen zwischen den verschiedenen strategischen Geschäftsfeldplänen abgeleitet werden.
- In der *Personalentwicklung* können Fortbildungsmaßnahmen zur Konkretisierung dieser Zielfähigkeiten an der kulturellen Bestimmung und der strategischen Zielsetzung des Unternehmens ausgerichtet werden.
- In der *Personalpolitik* verfügt man über Instrumente des Personalportfolios, Verfahren zur Potentialerfassung für Führungsnachwuchs. Für eine bessere Anpassung an die strukturellen Notwendigkeiten kann das Outplacement einen wertvollen Beitrag leisten. Diese Instrumente müssen aber einen strategischen Bezug haben, das heißt, sie werden eingesetzt im Rahmen eines ganzheitlichen

Strategiekonzepts, als Hilfsmittel zur Erreichung bestimmter Wettbewerbsvorteile.

Das *strategische Personalmanagement* setzt eine bestimmte Einstellung voraus, nämlich ein Verständnis für die strategischen Anforderungen des Geschäftes, gekoppelt mit der Erkenntnis, daß die Personalfunktion einen wesentlichen Beitrag zum Geschäftserfolg leisten soll. Leider bedeutet Personalarbeit heute allzuoft bloß Personalverwaltung. Die unternehmerische Komponente fehlt. Dies ist nicht nur darauf zurückzuführen, daß das Personalwesen im Vorfeld der Strategiebestimmung meist nicht dazugezogen wird. Hinzu kommt, daß Personalleiter ihre Rolle eher in der Personalverwaltung sehen.

Jüngste Erfahrungen zeigen jedoch, daß der Trend in Richtung *strategieorientierter Personalarbeit* geht. Eine neue Generation von Personalleitern will ihr Wissen und ihre Erfahrungen in dem Prozeß der strategischen Führung geltend machen. Das neue Selbstbewußtsein basiert auf der Erkenntnis, daß qualifizierte Beiträge zur Personalfunktion die Entscheidungsbasis der Geschäftsführung erheblich verbessern können.

Wettbewerb bedeutet auch Wettbewerb auf dem Arbeitsmarkt. Welche Vorteile hat das eigene Unternehmen in dieser Hinsicht? Welche können aufgebaut werden? Die Bedeutung dieser Überlegung wird unterstrichen wenn man bedenkt, wir oft behauptet wird, daß gute Mitarbeiter schwer zu finden sind. Dann ist erst recht Kreativität hinsichtlich eines entsprechenden Personalmarketing gefragt. Denn das Problem gilt für alle, nur, einige Unternehmen verstehen es besser, das Mitarbeiterpotential zu fördern.

Das strategische Personalmanagement wird zukünftig vier wesentliche Merkmale aufzeigen:

- Es wird professioneller. Zu dieser *Professionalität* gehört auch die Fähigkeit, betriebswirtschaftliche sowie unternehmensstrategische Zusammenhänge zu verstehen. Die Funktion von Personalleitern mit dieser Qualifikation wird aufgewertet.
- Die Quantifizierung der Personalarbeit im Sinne eines *Personal-Controllings* wird zur Hauptaufgabe im Unternehmen.
- Personalentwicklung wie strategische Planung wird weniger Stabsvielmehr *Linienfunktion*. Die Personalabteilung wird aber die übergreifenden strategischen Maßnahmen der Personalpolitik gestalten.

- Die Personalabteilung wird zu einem *Servicezentrum* für das Unternehmen. Dabei wird sich die Frage immer wieder stellen, welche dieser Serviceleistungen kosteneffizienter durch Externe erbracht werden können.

Strategie und Personalführung

Der neue Personal-Manager verfügt nicht nur über die Instrumente und Methoden der Strategiebestimmung. Er versteht auch, was Strategieimplementierung heißt, und was diese für die Führung, für die Organisation und für Managementprozesse im Unternehmen bedeutet.

Er weiß, wie man Strategien mit harten Hebeln in den weichen Teilen der Organisation verwirklicht, denn Unternehmen leben nach den Auswirkungen der in ihnen vorhandenen Kräften. Ein strategisches Konzept für sich genommen ist noch keine solche Kraft. Der tatsächlich wirkende Managementprozeß muß auf die angestrebten Wettbewerbsvorteile des Unternehmens ausgerichtet werden. Für die Führung heißt das, die Maßstäbe der Strategie in die Zielvereinbarungen und Leistungsbeurteilungen einzuführen.

Der neue Personal-Manager weiß, daß die Organisationsstruktur nur gleitend verändert wird, denn Veränderungen der Organisationsstruktur sind auch Machtfragen. Auf die grundsätzliche Lösung der Zuständigkeiten konzentrieren sich dann die Energien und formulieren sich die Parteien. Zur Gewinner-Verlierer-Situation ist es dann nicht mehr weit.

Eine gute Organisationsstruktur bildet Kräfte **ab**, die ohnehin schon im Unternehmen vorhanden waren. Die unterschiedliche Zuständigkeit für einzelne Marktsegmente, die vielleicht mit der Strategie formuliert wurden, gab es vorher auch schon. Nur mußten der Marketing- und Vertriebs-, ja auch der Personalchef nebenbei mitdenken.

Strukturen sind immer Momentaufnahmen einer Entwicklung. Wer die Struktur mit dem Brecheisen schafft, erreicht nicht Bewegung, sondern Erstarrung. Das weiß der neue Personal-**Manager**. Widerstand ist Energie. Das Unternehmen braucht Energie für seine Entwicklung.

Widerstandshandlungen rund um ein Veränderungsprojekt sind üblich. Häufig ist Verschleppung, der Aufbau von Terminschwierigkeiten, das Hinlenken auf immer kompliziertere und damit letztlich bodenlose Fragestellungen. Selten ist die offene Opposition.

Wer Widerstand brechen will, will Energien vernichten. Die erste Regel für den Umgang mit Opponenten ist es, sie zu respektieren. Sind die Opponenten versteckt am Werk, gilt es, sie zu finden und aufzusuchen.

Aus der Haltung des Respektierens ist der Beginn eines Dialogs möglich. Das bedeutet: Mit dem „Widerständler" über seine Ziele und Ansichten zu sprechen. Im zweiten Schritt ihn sogar darin zu unterstützen, die für ihn besten Ziele sorgfältig zu definieren und die Wege zu ihrer Verwirklichung zu beurteilen. Es stellt sich meistens heraus, daß diese Ziele im Zuge des Strategievorhabens sehr wohl verfolgt werden können. Was fehlt, ist meistens nur etwas Klarheit über die eigene Richtung und Offenheit über Darstellung der eigenen Standpunkte. Für den Opponenten entstehen daraus Aufgaben.

Wer im Rahmen der Unternehmensstrategie die Rolle von Widerstand und Energie versteht, der versteht auch, daß das Schaffen von Widerständen teilweise vermieden werden kann. Wie oben beschrieben, wird hier das Outplacement wichtig sein. Dies sind neue Aufgaben für den professionellen Personalleiter. Leider gibt es noch zu wenig Menschen, die den Ehrgeiz bzw. die Kompetenz haben, solche Aufgaben durchzuführen.

6.3 Neue Dimensionen der Unternehmensführung

Zwei neue Dimensionen der Unternehmensführung müssen in den 90er Jahren zunehmend berücksichtigt werden: Die Unternehmenskultur und Stakeholder-Interessen.

Unternehmenskultur

Unternehmenskultur ist die Gemeinsamkeit in Überzeugungen und Arbeitsstil. Sie bestimmt, welches Verhalten nach außen und innen dem Unternehmen entspricht. Geschriebene und ungeschriebene Regeln im Unternehmen, Üblichkeiten, Anlässe und Symbole geben den Mitarbeitern dafür die Orientierung.

Unternehmen mit ausgeprägter Kultur sind deutlich in ihren Werten. Und wie im Leben von Personen entsteht Wirkung, wenn Werte und Handeln übereinstimmen. Die Strategie des Unternehmens, das Organisationskonzept oder die Technologie richten sich auf die Zukunft. Die Unternehmenskultur aber stammt aus der Vergangenheit. Die bisherigen Erfahrungen im Unternehmen sind hier für heute lebendig. Wer im Unternehmen etwas bewegen will, braucht die Unternehmenskultur.

Wenn die gewollte Richtung den Botschaften der Unternehmenskultur entspricht, kann die Erfahrung der Vergangenheit direkt genutzt werden. Oft aber bremsen herrschende Einstellungen die gewollten Entwicklungsschritte. Wenn die Unternehmensleitung mehr Kundenorientierung, ein anderes Qualitätsbewußtsein, ein Denken in Verbesserungen aufbauen will, siegen oft übernommene Denkweisen und Gewohnheiten über die Einsicht der einzelnen Mitarbeiter.

Manchmal droht auch die Abnutzung bestehender Werte im Unternehmen. Die Unterschiedlichkeit der Einflüsse von außen und innen wirken unmerklich. Wollen und Beschluß, Auftrag und Handeln beginnen auseinanderzulaufen, obwohl der Arbeitsstil unverändert erscheint. Für solche Lücken in der Unternehmenskultur gibt es Warnsignale. Unklarer werdende Prioritäten − „alles ist wichtig", unterschiedliche Arbeitsprinzipien in verschiedenen Teilen des Unternehmens. Planung ohne Entscheidungen, kurzfristige und nach innen gerichtete Orientierung, Zusammenkünfte, die ihren Sinn verloren haben − alles das zeigt sich lange Zeit nur in Einzelfällen, von denen jeder einzelne unauffällig ist.

Die Unternehmensleitung muß jetzt die Werte neu setzen und die Zeichen dafür sichtbar machen. Es gilt Verhalten im gesamten Unternehmen auszurichten. Hier ist eine Aufgabe für das Personalmanagement.

Erst mit dem kulturellen Hebel können wichtige und umfassende Vorhaben auch wirklich realisiert werden. Führungsmaßnahmen im Einzelfall werden dann immer weniger nötig. Wertsetzungen von erfolgreichen Unternehmen sind immer irgendwo ähnlich. Die Energie kommt aus den Prioritäten sowie der Klarheit und Konsequenz, mit der sie gelebt werden.

Die Unternehmensleitung setzt die Botschaften und macht sie sichtbar. Signale und Auftritte, Zeichen am Bau, Einführung bestimmter Abläufe im Management – die Konzentration auf einige Schlüsselmaßnahmen macht greifbar, was gewollt ist. Sie müssen in alle Teile des Unternehmens abstrahlen.

Einige besonders sichtbare Maßnahmen der Personalabteilung können das gewollte Verständnis der neuen Wertsetzungen zeigen. Manchmal macht die Neudefinition einigen Stellen bereits deutlich, daß jetzt etwa unternehmerisches Agieren höher bewertet wird als Berichtserstellung und fachliche Überwachung.

In Zeiten der Veränderung ist es wichtig, mit klaren Vereinbarungen in ausgewählten Punkten Sicherheit zu geben. Sie sind für Mitarbeiter nicht nur Bindung sondern auch Recht, auf das sie sich berufen können.

Verfahren der Zielsetzung, der Leistungsbeurteilung, Einschätzung von Mitarbeiterfähigkeiten aber auch die Art der Besprechungstechnik können Werte im Handeln umsetzen. Deshalb muß der Personalleiter die Dynamik der Kulturentwicklung verstehen, denn die Unternehmenskultur heute ist das Fundament für die Möglichkeiten morgen.

Stakeholder-Interessen

Führende US-Unternehmen erkennen eine Verantwortung nicht nur Aktionären gegenüber, sondern auch gegenüber all denjenigen, die durch die Aktivitäten des Unternehmens berührt werden: Mitarbeiter, Kunden, Lieferanten, Bürger der Stadt, in der sich das Unternehmen befindet. Diese sind die „Stakeholder"[1].

Während die sogenannten „Alte-Garde-Unternehmen" die einzige Verpflichtung darin sehen, eine Wertsteigerung für deren Anteilsinhaber zu schaffen, gehen die sogenannten „Vorkämpfer-Unternehmen" davon aus, daß zwischen Geschäftsethik und Individualethik nicht unterschieden werden kann. Solche Unternehmen sind Control Data,

---
1   Siehe „The Economist" 2. 7. 88, Seite 56.

Johnson & Johnson, Deere & Company, McDonalds, Motorola und Levi-Strauss.

Bemerkenswert ist, daß diese Unternehmen auch sehr erfolgreich und gewinnträchtig sind. In der Tat betrachten sie den Gewinn als Belohnung dafür, daß sie der Gesellschaft gut gedient haben.

Dabei ist wichtig[2], daß diese Unternehmen gleichzeitig harte Konkurrenten sind, denn ethisch handeln muß nicht gleichbedeutend mit schwach handeln sein. So setzte sich die Firma Cummins, der große Motorenhersteller, bei der Regierung für höhere Abgasvorschriften ein, damit sie selbst höhere Umweltstandarde ohne Wettbewerbsnachteile einführen konnte. (Die Amerikaner nennen die Taktik „Erhebung des Spielfeldes".)

Die Vorkämpfer-Unternehmen planen langfristig, sind auch an langfristigen Gewinnen interessiert. Deutsche Unternehmen planen und denken ebenso langfristig, und die kurzfristige Leistungsbeurteilung, die bei vielen US-Unternehmen noch die Regel ist, wird hierzulande belächelt.

Es bleibt die Frage, ob wir es hier nicht manchmal mit zwei Definitionen von „langfristig" zu tun haben. Viele deutsche Unternehmen, die die monatliche Gewinn- und Verlustrechnung nicht in den Vordergrund stellen, handeln mit kurzfristiger Perspektive, wenn es um Personalfragen geht. Die vorhergehenden Kapitel haben das Thema Feuern oder Neuplazieren diesbezüglich ausführlich behandelt. Der Erfolg der „Vorkämpfer-Unternehmen" in den USA zeigt, daß Gewinn und mitarbeiterfreundliches Verhalten keine Gegensätze sind.

6.4 Outplacement als neues Instrument des strategischen Personalmanagements

Mit den herkömmlichen Instrumenten des Personalwesens kann für die strategische Ausrichtung des Unternehmens viel erreicht werden. Die Grundeinstellung zum Personalmanagement muß aber einem strategisch-unternehmerischen Selbstverständnis dienen. Ohne einen stra-

---

2   „The Economist", ibid.

tegischen Bezug ist der Einsatz auch von herkömmlichen Personalinstrumenten umsonst, reiner Selbstzweck.

Ein Personalportfolio, das nur aus Daten wie Altersgruppen, akademischen Qualifikationen, bisherigen Erfahrungen besteht, beschreibt die Gegenwart, aber reicht für strategische Überlegungen nicht aus.

Potentialerfassungssysteme müssen zukunftsbezogene strategische Kriterien berücksichtigen: Die Stellen, die in fünf Jahren zu besetzen sind, die vom Markt gestellten Anforderungen an die Inhaber dieser Stellen, die Fähigkeiten, die zukünftig notwendig werden. Auch Beurteilungssysteme müssen differenziert, nach dem strategiebezogenen Beitrag der jeweiligen Mitarbeitergruppen ausgelegt werden.

Das gleiche gilt für neue Instrumente. Das *Outplacement* darf nicht nur als Instrument der Personalverwaltung eingesetzt werden. Das Potential ist viel größer. Ein Teil dieses Potentials ist langfristig, im Sinne von „Stakeholder-Interessen". Ein weiterer Teil ist rein pragmatisch, nicht deshalb aber weniger strategisch.

Symbolische Führung

Der eindimensionale Blick auf den wirtschaftlichen Erfolg um jeden Preis schadet dem Image eines Unternehmens und dem Ruf seines verantwortlichen Managements selten mehr, als zu dem Zeitpunkt einer notwendig gewordenen Trennung von Mitarbeitern.

Um etwaige *Trennungsschäden* zu vermeiden, reicht es in der Regel nicht aus, Verträge buchstabengetreu zu erfüllen. Das Problem ist nicht vom Tisch, wenn es vom Unternehmen vertraglich und finanziell gelöst wird, denn die Verantwortung für die Mitarbeiter ist mit dem Entscheid zur Trennung und deren rechtlicher Durchsetzung nicht beendet. Ihre ungeschickte Abwicklung führt trotz aller formal-juristischen Sauberkeit fast zwangsläufig zu Imageverlust für das Unternehmen bei den verbleibenden Mitarbeitern, in der Öffentlichkeit, bei Kunden oder Geschäftspartnern.

In erfolgreichen Firmen sind die Menschen deswegen konstant in der Lage, Hervorragendes zu leisten, weil diese Unternehmen sich bei all ihren Aktivitäten und Entscheidungen an Managementhaltungen,

Werten und Normen orientieren, die in Einklang mit den allgemeinen Werthaltungen ihrer Mitarbeiter stehen, und den festverwurzelten Bedürfnissen erwachsener Menschen entgegenkommen. Erfolgreiches Management schafft eine leistungsfähige Atmosphäre, indem es – auch und gerade bei einer Trennung – darauf achtet,

– daß die Mitarbeiter die ihnen gebührende Anerkennung finden,
– daß die Mitarbeiter als erwachsene Individuen respektiert werden,
– daß die zentralen Werte der Firma allgemein bekannt und kompromißlos eingehalten werden,
– daß diejenige, die entlassen müssen, auch eine entsprechende Unterstützung bekommen,
– kurz: daß den als richtig erkannten menschlichen Werten in gleicher Weise wie den wirtschaftlichen bis ins letzte Detail nachgelebt wird.

Trotz alledem fällt es der Managementlehre bis heute noch äußerst schwer, die Menge und Qualität der erfolgsstimulierenden, stimmungs- und gefühlsbetonten Führungsfähigkeiten überhaupt zu erfassen, sie zu kategorieren und verbal zu umschreiben.

Es sind aber gerade diese schwer erfaßbaren und deshalb bis dato zu kurz gekommenen Elemente der Unternehmensführung, die den kleinen, aber häufig alles entscheidenden Unterschied ausmachen. Unter härter werdenden Wettbewerbsbedingungen wird somit der Dimension „Managementhaltung" noch größere Bedeutung zukommen. Unter dem Begriff „Managementhaltung" sind Denkart, Gesinnung und Einstellung einer Führungskraft zu verstehen. Als Managementkompetenz versteht man demnach die Fähigkeit, seine potentiellen Fachkenntnisse im Rahmen festverankerter, konsensfähiger und transparent gemachter Haltungen einzusetzen.

In diesem Zusammenhang sollte die Frage beantwortet werden, wie mit Mitarbeitern verfahren wird, von denen eine Trennung notwendig ist. Hier kann das Outplacement über das Instrument hinaus als wirkungsvolle Strategie der symbolischen Führung dienen.

Strukturanpassungen ermöglichen

Es gibt pragmatische Überlegungen, warum das Outplacement im Werkzeugkasten des strategischen Personalmanagements einen Platz finden soll.

Kein Profisportler plant seine Karriere auf der Basis, daß er bis 65 eine einzige Laufbahn gehen wird. Der 35jährige Fußballer rechnet schon damit, daß er immer weniger zur ersten Wahl gehört und geht in eine andere Laufbahn als Trainer, Sportladenbesitzer oder Fernsehkommentator. Das Trennen von Spieler und Mannschaft zur gegebenen Zeit ist ein normaler, meist reibungsloser Vorgang.

Anders ist es in Unternehmen, wo der Eindruck gepflegt wird, daß bei entsprechender Leistung die weitere Karriere bis zum Rentenalter schon vorprogrammiert ist, bzw. – das andere Extrem – daß die gegensätzlichen Möglichkeiten des „up or out" ein Zeichen für straffe Führung sei.

Keiner ist in einer Geschäftswelt sinnvoll, in der ständig neue Anforderungen an Unternehmen und Führungskräfte gestellt werden. Ist die strategische Unternehmensplanung ein Verfahren, das anhand richtig gehandhabter Instrumente eine flexible Anpassung an die Markt- und Wettbewerbsdynamik erlaubt, so bedarf auch das Personalmanagement geeigneter Instrumente, um der strategischen Ausrichtung des Unternehmens gerecht zu sein.

Diese Instrumente eignen sich meistens dazu, strategische Lücken aufzudecken und zu füllen. Sie geben kaum Antwort auf die Frage, wie überholte Fähigkeiten, nicht mehr passende Leistungsprofile, gar überflüssige Führungskräfte selber zu behandeln sind.

Für eine bessere Anpassung an die strukturellen Notwendigkeiten kann das Outplacement einen wertvollen Beitrag leisten. Richtig gehandhabt kann *Outplacement* folgende Möglichkeiten bieten:

- Das frühzeitige Aufrücken von fähigen Nachwuchskräften in Schlüsselpositionen
- Eine harmonische Trennung von loyalen Managern (kein Rechtsstreit, keine Unruhe im Unternehmen, besserer Wissenstransfer)
- Größere Flexibilität in der Planung.

> **Outplacement müßte Bestandteil einer unternehmerischen Personalarbeit sein, die das beste Personalmanagement der 90er Jahre prägen wird.**

Literatur

Altschul, Kurt (1983): Outplacement-Marketing für die eigene Karriere, in: Absatzwirtschaft, Jg. 25, 1983, H. 7, S. 12–19.

Berndtsen, Günter (1982): Bin ich am richtigen Platz? Überlegungen und Fragen vor einem Stellenwechsel, in: Der Arbeitsmethodiker, 1982, H. 3, S. 31–37.

Brammer, Lawrence/Humberger, Frank (1984): Outplacement and Implacement Counseling, Englewood Cliffs 1984.

Brengelmann, Johannes C. (Hrsg.) (1988): Erfolg und Streß im Management-Verhalten, München: CBE (Center for Behavioral Excellence) 1988.

Bürkle, Hans (1986): Aktive Karrierestrategie. Erfolgsmanagement in eigener Sache. Wiesbaden: Gabler 1986.

Consultex (1987): Outplacement Consulting in Western Europe in 1986. A Multi Client Study, Genf: Consultex 1987.

Correll, Werner (1977): Motivation und Überzeugung in Führung und Verkauf, München: Moderne Verlagsgesellschaft 1977.

– (1978): Menschen durchschauen und richtig behandeln, München 1978.

Derschka, Peter (1980): Trennung auf die sanfte Tour – Entlassungshilfe für Führungskräfte, in: Manager Magazin, 1980, Jg. 10, H. 1, S. 61–64.

– (1983): Outplacement-Rettung vor dem Absturz, in: Manager Magazin, 1983, Jg. 13, H. 5, S. 112–121.

Eck, Claus D. (1983): Beratung und Schulung bei Personalfreisetzung, in: Die Unternehmung, Jg. 37, 1983, S. 83–94.

Fritz, Wolfgang (1988): Beruflich ins Abseits? Die Herausforderung, sich selbst zu vermarkten, in: Absatzwirtschaft, 1988, Jg. 30, H. 1, S. 46–50 (I) und H. 2, S. 100–105 (II).

– (1987): Kommunikations-Workshop Verkauf, Begleitmaterial, Hochheim 1987.

– (1982): Konflikte bei der Trennung von Mitarbeitern und deren Lösung durch ganzheitliche Outplacement-Beratung. Unveröffentlichtes, vervielfältigtes Vortragsmanuskript (Präsentationsunterlage), Hochheim 1982.

Gabarro, John J. (1988): Leitende in neuen Positionen, Wiesbaden: Gabler 1988.

Gaugler, Eduard/Weber, Bernd (1988): Die Personalberatung. Aufgaben – Leistungsangebot – Arbeitsweise – Kosten, Freiburg i. Br.: Haufe 1988.

Goller, Andreas (1988): Outplacement als neues Instrument des Personalmanagement. Stand, Entwicklung und Einsatzmöglichkeiten im deutschsprachigen Raum, Diplomarbeit. Fachhochschule Wiesbaden 1988.

Gross, Michael (1983): Outplacement-Beratung – Die Trennung von langjährigen Führungskräften, in: Das neue Erfolgs- und Karrierehandbuch für Selbständige und Führungskräfte, 1983, H. 7, Gruppe 13, S. 681–684.

Heymann, H.-Helmut (1984): Outplacement. Ein neues Instrument betrieblicher Personal- und individueller Karriereplanung, in: Wirtschaftswissenschaftliches Studium, Jg. 13, 1984, H. 6, S. 308–311.

Heymann, H.-Helmut/Seiwert, Lothar J. (1982): Vom Outplacement zum Neuplacement. Personalfreisetzung von Führungskräften als sozialer Prozeß, in: Personalwirtschaft, Jg. 9, 1982, H. 2, S. 22–26.

Hirzel, Matthias (1989): Management-Effizienz, 4. Auflage, Wiesbaden: Gabler 1989.

Jung, Werner (1987): Disparität und Verständigungszwang, Frankfurt 1987.

Kern, Uwe (1987): Warum wird Outplacement in Zukunft immer wichtiger?, in: Gablers Magazin, Jg. 1, 1987, H. 7, S. 45–46.

Latack, Janina C./Dozier, Janelle B. (1986): After the Ax Falls: Job Loss as a Career Transition, in: Academy of Management Review, Jg. 11, 1988, H. 2, S. 375–392.

Laukamm, Thomas/Walsh, Ian (1983): Humankapital aktivieren, in: Wirtschaftswoche 8. 4. 1983.

Leder, Thomas (1987): Was bewegt das Unternehmen?, in: Blick durch die Wirtschaft, 2. 1. 1987.

Lingenfelder, Michael/Walz, Hartmut (1987): Outplacement-Problemlöser für Problemfälle, in: Gablers Magazin, Jg. 1, 1987, H. 7, S. 42–44.

– (1988a): Outplacement statt Rausschmiß, in: Harvard Manager, 1988, H. 2, S. 96–102.

– (1988b): Outplacement, in: Die Betriebswirtschaft, Jg. 48, 1988, H. 1, S. 136–138.

- (1988c): Outplacement: Problemlöser für Problemfälle, in: Gablers Magazin, Jg. 1, 1987, H. 7, S. 42-44.
Massa, Heike (1987): Outplacement als Instrument des Personalwesens. Ein neues Konzept der Personalfreisetzung. Diplomarbeit Berufsakademie Stuttgart 1987.
Mayrhofer, Wolfgang (1987): Der gegenwärtige Stand der Outplacement-Diskussion. Darstellung, Beurteilung und Konsequenzen für die Forschung, in: Zeitschrift für Personalforschung, Jg. 1, 1987, H. 2, S. 147-180.
- (1988): Trennung von der Organisation, Diss. Wirtschaftsuniversität Wien 1988.
- (1989): Outplacement – Stand der Diskussion, in: Die Betriebswirtschaft, Jg. 49, 1989, H. 1, S. 55-68.
Mendleson, Jack, L. (1975): Does your Company need Outplacement?, in: Advanced Management Journal, Jg. 40, 1975, S. 4-11.
Morin, William J./Cabrera, James C. (1982): Parting Company. How to Survive the Loss of a Job and Find Another Successfully, New York und London: Harcourt Brace Jovanovich 1982.
Morin, William J./Yorks, Lyle (1982): Outplacement Techniques. A Positive Approach to Terminating Employees, New York: AMACOM 1982.
Neuenschwander, Fritz (1988): Positionswechsel im Management, in: Budget, 1988, H. 12.
Nulty, Peter (1987): Pushed Out at 45 – Now What?, in: Fortune, 2. 3. 1987, S. 24-28.
o. V. (1987): Outplacement – Wenn der Manager nicht mehr gefragt ist, in: Manager Magazin, 1987, Jg. 17, H. 3, S. 214-219.
Peters, Thomas J./Waterman, Robert H. (1984): Auf der Suche nach Spitzenleistungen. Was man von den bestgeführten US-Unternehmen lernen kann, 10. Auflage, Landsberg: Moderne Industrie 1984.
Robertson, John, P. (1982): You and Your Next Job, London: British Institute of Management 1982.
Sabel, Herbert (1988): Zeugnisse formulieren und verstehen. Die gebräuchlichsten Formulierungen und ihre Bedeutung. Wiesbaden: Englisch 1988.
Schuchart, Sabine (1987): Starker Abgang, in: Capital, 1987, H. 9, S. 247-249.
Schulz, Dieter (1981): Die Trennung von einem langjährigen Mitarbeiter – ein Trauma, oder?, in: Personalführung, 1981, H. 2, S. 36-38.

- (1984): Outplacement Counselling. Nur ein Moderezept aus USA oder ein brauchbares neues personalpolitisches Instrumentarium?, in: F. Gieffers/K.-D. Müller/R. G. Münsterberg (Hrsg.), Reduzierung der Personalkosten, Heidelberg: Sauer 1984, S. 175–198.
- (1987): Freisetzung als Vorgesetztenaufgabe, in: Handwörterbuch der Führung, hrsg. von A. Kieser/G. Reber/R. Wunderer, Stuttgart: Poeschel 1987, Sp. 339–348.
- (1988): Kündigung: Aus, aber nicht vorbei, in: Management Wissen, 1988, H. 7, S. 74–77.

Schulz, Dieter/Schuppert, Dana (1987): Outplacement – Trennen ohne Scherben, in: Der Arbeitgeber, Jg. 39, 1987, H. 20, S. 760–761.

Seiwert, Lothar J. (1981): Innerbetriebliche Zusammenarbeit aus der Sicht der Führungskraft, in: H. G. Brecht/E. Wippler (Hrsg.), Das Jahrbuch für Führungskräfe 81, Grafenau/Württ. 1981, S. 96–122.
- (1983): Outplacement – Neue Chancen und Positionen für freigestellte Führungskräfte, in: G. Aigner (Hrsg.), Wege zu einer neuen Karriere, München: Seewald 1983, S. 171–186.
- (1988): Selbstmanagement, Speyer: GABAL 1988.
- (1989): Kommunikation im Betrieb, in: Handwörterbuch des Personalwesens, hrsg. von E. Gaugler u. W. Weber, 2. Auflage, Stuttgart: Poeschel 1989 (im Druck).

Stiefel, Th. Rolf/Sattelberger, Thomas/Hirth, Regina (1981): Life-Styling: Das Leben neu gewinnen, Landsberg a. Lech: Moderne Verlagsgesellschaft 1981.

Stoebe, Fritz (1981): Positionswechsel im Management, in: Betriebs-Berater, 1981, Jg. 36, H. 5, S. 307–310.
- (1983 a): Probleme und Lösungen bei der Freisetzung von Führungskräften, in: Personal-Perspektiven 1983/84, München: Mensch und Arbeit 1983, S. 165–171.
- (1983 b): Der Manager auf Stellensuche (Artikelserien), in: Blick durch die Wirtschaft, Jg. 26, 1983, Nr. 50 vom 11. 3. 1983 (1) bis Nr. 76 vom 20. 4. 1983 (11).
- (1987): Acht Jahre Outplacement/Replacement-Service für Führungskräfte in Deutschland, in: Personalführung, 1987, H. 7, S. 518–520.

Stopp, Udo (1983): Analyse und Verbesserung des Betriebsklimas, in: Erfolgs- und Karrierehandbuch, EKH Heft 8/1983.

Töpfer, Armin/Zeidler, Manfred (1987): Aufgabenfelder des betrieblichen Personalwesens für die 90er Jahre, in: Personalwirtschaft, Jg. 14, 1987, H. 5, S. 197–206.

Trottnow, Berthold (1987): Outplacement – Neue Position auf Kosten des alten Chefs, in: Computer Woche Nr. 44 vom 30. 10. 1987.

Walsh, Ian (1986): Immaterielle Anreize, in: Die Betriebswirtschaft, Stuttgart 5/86.

Wicki, Maja (1986): Out-Placement: Beratung und Plazierung entlassener Führungskräfte – kein Geschäft. Bin ein überzähliger Manager, was nun?, in: Die Weltwoche Nr. 51 vom 18. 12. 1986, S. 19.

Wohinz, W. Josef (1983): Laufbahnplanung, Wien 1985.

Wollert, Artur (1987): Out- und Newplacement. Thesenpapier anläßlich des 1. Internationalen Kongresses „Führungskräfte erkennen – Zusammenarbeit mit Personal- und Unternehmensberatern" der DGFP am 12./13. 2. 1987, Frankfurt 1987 (vervielfältigtes Manuskript).

Wüsthoff, Hans-Dieter (1987): Das Interview: Outplacement-Beratung, in: Wir Speditionskaufleute 2/1987.

Wunderer, R./Sailer, M. (1987): Die Controlling-Funktion im Personalwesen, in: Personalführung 7/87.

Zander, Ernst (1987): Freisetzung von Führungskräften, in: Handwörterbuch der Führung, hrsg. von A. Kieser/G. Reber/R. Wunderer, Stuttgart: Poeschel 1987, Sp. 348–357.

Die Autoren

Wolfgang Fritz, geb. 8. 3. 1938 in Langenau/Württemberg. Studium der Naturwissenschaften, Pädagogik und Philosophie, Magister Artium (Heidelberg). 14 Jahre leitende Managementtätigkeiten in nationalen und internationalen Unternehmen in der Aus-, Fort- und Weiterbildung, Leiter zentrales Bildungswesen, Marketing- und Vertriebsdirektor. Seit 1981 mit Gründung der Interaction Consulting Berater in den Bereichen Management-, Marketing- und Vertriebsberatung; Management- und Vertriebstraining; Personalmarketing sowie Outplacement und Karriereberatung. Umfangreiche Praxiserfahrung auf dem speziellen Gebiet der Individual- und Gruppenoutplacementberatung durch erfolgreiche Betreuung einer Vielzahl von Mandanten seit 1981.

Dr. Dieter Schulz, geb. 25. 9. 1935 in Bad Kreuznach. Studium der Betriebswirtschaftslehre in Köln und Saarbrücken, Abschluß zum Dipl.-Kfm., Promotion zum Docteur ès sciences économiques in Neuchâtel. Wirtschaftsprüferpraxis, Unternehmensberater bei Booz, Allen & Hamilton, Controller und Personaldirektor bei Reynolds Aluminium, Pfizer. Seit 1974 selbständiger Unternehmensberater, brachte 1979 als erster das US-Konzept der Outplacementberatung nach Deutschland und adaptierte es auf die hiesigen Bedürfnisse. Geschäftsführender Gesellschafter der Meta: Consult GmbH, Wiesbaden.

Dr. Dana Schuppert, geb. 1950. Studium der Sprach- und Literaturwissenschaften, Philosophie und Psychologie; Abschluß: Licence ès lettres (Frankreich), Studium der Wirtschaftswissenschaften, Sozial- und Ethnopsychologie; Abschluß: Master of Arts (Bundesrepublik). Mehrjährige Tätigkeit als wissenschaftliche Mitarbeiterin und Dozentin; Promotion zum Dr. phil. Berufserfahrung in Managementberatung mit Schwerpunkt in: Marketing, Veranstaltungsmanagement, Personalberatung, Outplacement-Beratung, Coaching. Hauptarbeitsgebiete sind heute: strategische Personalentwicklungssysteme, Kommunikationsmanagement, Training von Management- und Kommunikationsfähigkeiten, Bewältigung von Integrationsproblemen in personeller und sachlicher Sicht in „Post-Merger"-Aufgaben, Harmonisierung der Unternehmenskultur nach Abschließungen von Mergers & Acquisitions-Transaktionen.

Prof. Dr. Lothar J. Seiwert, geb. 1952. Studium der Wirtschaftswissenschaften in Frankfurt und Marburg. Dipl.-Volksw. und Dipl.-Hdl. 1976–1977 wissenschaftlicher Mitarbeiter am Lehrstuhl für Betriebswirtschaftslehre der Universität Marburg. 1978 Promotion über ein Mitbestimmungsthema. 1979–1984 Industrietätigkeit im Personal- und Bildungswesen in zwei Großunternehmen, danach Personalberater in einem größeren Consulting-Unternehmen. Hier tätig bei der Suche und Auswahl von Führungskräften, Beratungen auf dem Gebiet des Personalmanagements, Entwicklung und Durchführung von Führungstrainings. In diesem Zusammenhang auch Akquisition und Abwicklung verschiedener Outplacement-Projekte. Seit 1985 Professor für Personalwesen und Unternehmensführung an der Fachhochschule Wiesbaden. Zahlreiche Buch- und Zeitschriftenveröffentlichungen zu Personal- und Führungsthemen. Trainings- und Beratungsaufträge für mittelständische Unternehmen und internationale Konzerne.

 *Ian Walsh*, MA, MBA, geb. 21. 9. 1948 in Shinfield, England. Studium der Geschichte und Germanistik an der Universität Oxford (MA), Studium der Betriebswirtschaft am INSEAD, Fontainebleau (MBA). Managementerfahrung in der britischen Atomindustrie, Senior Consultant sowie Manager Human Resources bei Arthur D. Little International. Seit 1987 bei Hirzel Leder & Partner, Frankfurt am Main. Beratungsschwerpunkte: Strategieentwicklung, Einsatz von Personal- und Technologieressourcen. Er war beratend tätig in den USA, in Japan und in den meisten europäischen Ländern. Dozent im European Entrepreneurship Program des Europäischen Unternehmenszentrums („Centre") in Colmar.

Stichwortverzeichnis

Aggression 55
Akzeptanz 55, 149
Alter der Mandanten 140
Analyse der Situation 56, 58
Anschreiben, Tips 83
Arbeitsmarkt 135

Beratung
– Grenzen 139
– Schwierigkeiten im Verlauf 144
Berufliche Schwerpunkte, Beispiele 67
Berufliche Zielsetzung 68
Berufslaufbahnbilanz 64, 70
Bewerber 102
Briefgerüst 82

Checkliste Frühwarn-System für persönliche Positionskrisen
– Persönlichkeitsentwicklung 25
– Personalführung 25
– Unternehmensführung 24
– Unternehmenskultur 24
– Unternehmenspolitik 24

Depression 55

Eigenmotivation 105
Einvernehmliche Trennung 128
Enttäuschung 55

Fähigkeit, führen zu können 121
Flexibilität 142
Formulierung der Zielsetzung, Beispiele 71
Formulierungen der Leistungen, Beispiele 65
Fragen des Bewerbers an den Interviewer 102
Fragen des Unternehmens beim Interview 103
Frankreich 14

Gespräch, offenes 34
Gesprächsgerüst 81
Gewerkschaftsseite 154
Gewinner-Gewinner-Konzept 16
Großbritannien 14
Gruppen-Outplacement 17
Gruppen-Outplacement-Beratung 106

Individual-Outplacement-Beratung 53
– Ablaufsystematik 54
Interviews 74, 99

Japan 15

Karriereentwicklung 15
Konfliktmanagement 48
Kontaktadressenkartei 94
Kontaktaufnahme 84
Kontaktgespräche 74
Kontaktnetzarbeit 81
Kooperationsbereitschaft 143
Krise als Chance 133

Lebenslauf 74
– angelsächsische Form 75
– chronologischer 75, 78 f.
– deutsche Form 75
– funktionaler 75 f., 80

Managertypus 115
Marketing- und Such-Strategie 72
Maßnahmen bei der Trennung 51
Mobilität 142

„New"placement 15

Outplacement
– Definition 12
– Instrumente 45
– Methoden 45
– Vorteile 38
– Vorteile für das Unternehmen 39

- Vorteile für den Mitarbeiter 41
- Ziele 35

Outplacement-Berater 109
- ganzheitlicher Unternehmensberater 116
- Profil 118

Outplacement-Beratung 53, 111
- Durchführung 50
- Motive für das Engagement 37

Outplacement-Beratungsprozeß
- Ablauf 49
- Ablauf, Durchführung des Trennungsprozesses 50
- Ablauf, Individual-Outplacement-Beratung 50
- Ablauf, Vorbereitung 50
- Beteiligte 46

Outplacement-Counselling 13

Persönliche Ausstrahlung 122
Personalentwicklung 158
Personalmanagement 11, 157
- Personalpolitik 158
Personalplanung 151, 158
Positionskrisen 20
- Ursachen 21
- Wirkungen 27
Präsentationsfähigkeit 104
Problemlösungen
- externe, Aufhebungsvertrag 32
- externe, Kündigung 32
- interne 31
- interne, Versetzung 32

Resignation 55

Schock 55, 129

Schriftliche Kontaktmaßnahmen 82
Schweiz 14
Selbstbestimmung 38
Selbstdarstellung 98
Selbsteinschätzung 63
Selbstwertgefühl 55
Stakeholder-Interessen 163
Stellengesuche 88
Stellenwechsel, Gefühlsablauf 27
Strukturanpassungen 167
Such-Aktivitäten 74
Suchanzeige 89
Symbolische Führung 165

Textbausteine 82, 84
Trauma 55
Trennung 23
Trennung ohne Scherben 127
Trennungskonflikt 27, 30
Trennungskultur 147
Trennungsprozeß 12
Tennungsschäden 165

Unternehmensberater 111
Unternehmenskultur 11, 18, 161 f.
USA 13, 17

Veränderungsbegründung, Formulierungsbeispiele 60
Verbitterung 55
Vermarktbare berufliche Qualifikation 62
Vorstellungsgespräch 95

Westeuropa 14 f.

Zielfindung 70

MIX
Papier aus verantwortungsvollen Quellen
Paper from responsible sources
FSC® C105338

If you have any concerns about our products,
you can contact us on
ProductSafety@springernature.com

In case Publisher is established outside the EU,
the EU authorized representative is:
**Springer Nature Customer Service Center GmbH
Europaplatz 3, 69115 Heidelberg, Germany**

Printed by Libri Plureos GmbH
in Hamburg, Germany